U0729971

与孩子一起成长

北京八中的家校合力教育

组编 北京八中初中部

中国人民大学出版社
·北京·

编 委

（以姓氏笔画排序）

王　芳　　王　爽　　王艳香　　尤　炜　　古跃凤

申　博　　吕　彤　　刘　艳　　刘　颖　　孙　敬

杨　华　　张　涛　　张　雁　　张凤兰　　张育英

柳臣云　　耿丽娜　　徐洪涛　　唐世红　　康　靖

童其琳　　穆　聪

目　录

第一章

家长在培养孩子方面应该扮演什么样的角色？

作为家长，在培养孩子上要用心

谢姝家长

父母是孩子最早的老师，家庭是未成年人感知社会、形成自我观念的重要环境。尤其是在孩子未成年时期，家长的教育作用尤为明显。下面，我们就谈谈家长在培养孩子上应该扮演什么样的角色。

培养孩子是一个系统工程。是不是孩子进了北京八中这样的好学校就等于进了"升学保险箱"了呢？就等着考一个好高中，上一个好大学呢？不是的！学校好只是一个基本的条件。孩子要能够取得好的成绩，各方面全面发展，还需要做很多的努力。这些努力可以归结成一句话，就是：

"孩子用功，家长用心。"

孩子自己用功是一个前提。孩子进入初中学习，课程明显增多，作业量也很大，客观上要求学生要加倍努力才行。一是要在学习上花时间，要认真、刻苦、勤奋，一分耕耘一分收获，扎扎实实地学习。一些课外的爱好要有，但不能占太多的时间。二是要逐步形成一套良好的学习方法，从预习到课堂听讲、到复习，掌握学习的规律，找到适合自己的学习方法。三是要有钻研的精神，学习一定要深入，肯于钻研，特别对新开设的课程，比如几何、物理、化学，要尽快理解开设这门课程的目的和学习研究的对象，以及学习这门课程的方法，要养成勤学善问的习惯。四是要有良好的品德，德智体美全面发展。

作为家长，在培养孩子上要用心。第一，要真正了解自己的孩子。初中教育有很多特点，孩子处在一个从少年向青年的过渡阶段，其独立的思想意识逐渐形成，身体发育也逐步成熟，课业负担越来越重。在培养孩子的过程中，做家长的首先要真正了解自己的孩子。孩子的性格是什么样的，身体素质怎么样，对什么事情感兴趣，愿意学什么，自控能力怎么样，等等。日常学习生活中多观察自己的孩子，留心他身体的变化、心理的成长、学习的进步，找出孩子的特点来。初中学生的世界观和方法论还没有形成，分析问题、处理问题的能力还比较弱，父母要帮助孩子在学习生活中作判断、作选择、作取舍，有针对性地培养孩子。

第二，要针对孩子的特点制定个性化的学习方案，要顺势培养、因势利导。孩子的时间毕竟有限，家长陪的时间也有限，在学校教学以外，尽量让孩子充分发展。有的孩子喜欢数学，就可以在这个方面多花时间。有的孩子在某一方面或某门功课学习上有困难，就要在这方面下功夫。看准的事情要办，比如说外语的学习，一定要早抓，除了学校的课堂教学以外，尽可能让孩子有机会多学一点儿。说得实际一点，考高中、考大学、考研究生都得考外语，外语早过关早省事。学校里常讲，到了初二学生就开始"分化"，这里面有许多的原因，其中一个原因就是由于开设新的课程造成的。对学校里新开设的课程，比如几何、物理、化学，有条件的话要尽可能提前预习一下，这样学起来就不生疏，也不会在学习上掉队。但要注意一点，强扭的瓜不甜，孩子怎么也不想做的事情，或者不是必须做的事情，就不要勉强孩子做。

第三，注意孩子身体素质的培养。孩子正处在长身体的时候，要关心身体的发育，必要的营养是必不可少的，但同时要给孩子制定锻炼的计划，像游泳、跑步这样的项目在小的时候就要让孩子参与，对身体发育特别好。其他的像足球、篮球、乒乓球、网球，都可以根据孩子的情况和爱好，选一两项，关键是长期坚持。中考体育的那几个项目要早动手，早让孩子练，不要等到初三第二学期要考了，才想起锻炼来，不仅成绩难提高，还影响学习。在中考前的总复习阶段，也不要忽视了适度的体育锻炼。

第四，注意提高孩子的心理素质。育人先育心。孩子的心理素质是一辈子的事情，早注意到，早干预，就早收获。不少孩子有心理问题，不能忽视这个问题，这一点家长都接受。实际上，孩子的心理问题也没有什么太复杂的，毕竟孩子还是单纯的，环境也没有多复杂。对孩子来说，拥有健康的心理与拥有健康的体魄同等重要。有了健康的心理，孩子可以健康地成长，可以勇敢地面对困难、快乐地长大。做家长的，平时一定要抽时间，多关注孩子的事情，多陪陪他们，做孩子的朋友，多和他们交流，让孩子有机会表达他的思想，表达他对周围发生的事情的感觉、看法和困惑，然后和他们交流，有耐心地、平等地交流，在这个过程中梳理孩子的情绪，解开他心里的疙瘩。注意培养孩子的自信心和坚强的意志，这些对孩子的成长都至关重要，还要注意培养他们的爱心，教孩子学会感激，学会谦让，平和待人。如果发现问题，要及时疏导，平时要有意识地从正面多提醒一下孩子，这方面一定要多留心、多用心。

第五，在孩子身上要肯花时间和精力。孩子的成长有阶段性和规律性，家长要拿出一定的时间来，陪孩子度过每一个阶段，这是我们应尽的责任。初一开始时很重要，要开个好头。到了初二，课程增加了，这是孩子养成良好的学习习惯、生活习惯的重要阶段，每一周，甚至每一天都不能放松。尤其是在各门功课的学习上，要确保孩子跟上课程进度，关注孩子细微的变化，以免孩子的学习、情绪、习惯偏离了正确的轨道。初三的学习特别紧张，又新开化学课，孩子的学习压力明显大了，做家长的要督促孩子紧跟学校的进度，注意检查他每一章节掌握的程度，帮助孩子顺利地上好这个台阶，各门课程的学习一定要平衡，不能有"短腿"。同时要当好孩子的"后勤部长"，尽可能帮助孩子把生活上的事情安排好。

　　说到底，我们家长做的所有事情，从根本上说都是配合好学校的教育。好的学校都有自己的校风，有一整套的教学方法和培养孩子的办法。做家长的一定要注意了解学校的情况，掌握老师的教学进度、安排，体会学校安排的用意，不要自己另搞一套，否则把孩子也搞乱了，要注意方式和方法，发现问题及时帮助解决，这样才能事半功倍。

和孩子一起成长

王逸家长

作为一名八中学生的家长，我认为，我既不是很成功的，因为我的孩子不是最出色的学生；也不能算是失败的，因为我的孩子是一个挺优秀的学生。我是一个很幸福的家长，因为直到现在，我与孩子的沟通都没有障碍，孩子阳光，父子和谐，母子情深。对此，也有朋友表示羡慕，他们说自己的孩子逆反得很，无法与之交流，问我有何经验，我说，"就四个字——无为而治"。不过回过头来想一想，其实也没那么简单。因为我们每个家长都想把孩子培养成最出色的，为此付出再多也心甘情愿。只是当这种付出与自己希望得到的回报不相当，甚至相距甚远时，心里难免会产生种种不平衡，甚至是失落感。所以我想，当我们做家长的在为孩子设计各种各样的目标时，是否也该为自己设计一个目标，就是自己该成为一个什么样的家长？当我们希望孩子照着自己设计的路线图成长时，是否想过自己也应当学会和孩子一起成长？因为，当孩子呱呱坠地的那一刻，我们有了新的角色，那就是父亲、母亲；我们有了一份新的责任，那就是培养、教育子女。但我们并不是天生就能够履行好做父母的责任的，也是需要学习的。

要学会关心孩子

关心孩子是人的本性、本能。所谓舐犊情深，所谓儿行千里母担忧，说的都是这种情感。我认为：

关心孩子，首先要关心孩子的身心健康。孩子健康，是每个父母的共同心愿。在关心孩子的学习与健康之间，我更加关注孩子的健康。我希望孩子不仅有一个强壮的体魄，还有一个健康的心理。在平时的生活中，我不太注重孩子的考试成绩，从没有因孩子考试成绩不好而责备过他。如果一次考试考得不好，我只会问他是不会做还是粗心大意，如果是不会做，就告诉他要多下点功夫，尽量掌握所学的知识；如果是粗心大意，则要求他以后要尽量细心。孩子说我可能是最不关心小孩学习成绩的家长。其实这里有一个对孩子成长的期望值问题。也就是说，你到底希望孩子成为一个什么样的人。望子成龙之心，人人皆有。我也希望孩子能考上最好的中学、最好的大学。但我想这应该顺其自然，能考上当然很好，考不上也没关系，还可以有其他的成才道路。过高的目标反而给孩子太大的压力，这是我不愿意的。在我看来，孩子健康成长才是父母最大的幸福。所以，孩子身体有不适，及时就医；孩子遇到挫折和委屈，及时引导和安慰，不让孩子心里留下任何阴影。其实，只要是身心健康的孩子，他就会有自己的目标，就会自加压力。我想，没有哪个孩子不愿做一个成功者。

关心孩子，就要多给孩子一些自由的空间。一位朋友曾经苦恼地跟我说，她把全部精力都用在了孩子身上——下班后陪孩子做作业，假日陪孩子上各种补习班、兴趣班，但现在她不在家孩子就不学了。我跟她说，你的问题可能就出在对孩子管得太多了，还是要学会放手，还孩子一些自由，尽量让孩子自己去做那些应该由他自己做的事。比如学习，这完全是孩子自己的事。要让孩子明白，学习不是为了家长，而是为了自己。其实，孩子的依赖是父母造成的，当你放手让孩子去自由翱翔时，你会发现展现在你面前的是一片完全不同的天空。作为父母，还要适当和孩子保持点儿距离，不要整天都围着孩子转。这不仅是给自己减压，也是给孩子减压。如果孩子业余生活圈中只有父母，没有同学、朋友，对孩子的健康成长未必有利。

关心孩子，一定不要溺爱孩子。这个道理，做父母的都懂，但在现实中往往不易做到。现在的孩子基本上都是独生子女，面对这仅有的一个宝贝，想不宠爱都难。只是面对孩子的要求，做家长的一定要区分一下哪些是合理的，哪些是不合理的。我认为，满足孩子的合理要求，是关心；满足孩子的不合理要求，则是溺爱。所以，我对孩子的合理要求总是尽量满足；而对孩子不合理的要求，或者虽然是合理的，但自己做不到的，绝不会答应。要让孩子知道他要求的底线在哪里，一味满足孩子的无理要求可能会害了孩子。

关心孩子，应该多做少说。有句俗话叫作"疼儿别让儿知道"，这是很有道理的。在学习、生活上，我们可以为孩子多做些事情，但不要整天挂在口头上。话说多了，有时孩子会烦，甚至会增加孩子的心理负担。让孩子感知父母的关爱比家长自己说出来教育效果会更好，更能增加孩子的感恩之情。我觉得，家长不应当把自己的付出作为向孩子施加压力的理由，不能想当然地认为，"我为你付出这么多，你就得听我的"。为孩子付出是家长的责任、是应该的，也是家长自愿的、不应求回报的。

要学会尊重孩子

尊重孩子，往往也是说易行难。因为，在孩子面前，家长是天然的权威，是是非的裁判者。不尊重孩子的意见，有的家长习以为常，孩子往往也无可奈何。所以说，家长要学会尊重孩子，放下架子，增强点平等意识。父母尊重孩子，孩子往往会更加尊重父母。

要尊重孩子的兴趣。很多时候家长的兴趣与孩子的兴趣不一致，而这种时候往往是家长要求孩子按照自己的兴趣来。比如孩子参加的各种兴趣班，未必都是孩子感兴趣的。如果孩子提出不感兴趣，家长会要求孩子理解自己的苦衷，强调这样做是为了孩子好。当然也确实有许多孩子按照家长的兴趣去做而成才了。但我认为，这样做孩子付出太多了，即使有成就感，也未必有幸福感。我的孩子原来学了好几年小提琴，后来他说不感兴趣，不想学了，我就同意让他放弃了。现在孩子的兴趣是打篮球，与此同时，爱玩篮球游戏、看篮球电视节目等，即便在中考前还是如此。对此我很少干预，只是提醒他要注意控制时间，他也答应并做到了，最后顺利考上了实验班。对于孩子的兴趣，只要是有利于身心健康的，就不要过多干涉；如果对孩子身心都不利，则要坚决制止；如果家长认为自己的兴趣更有利于孩子的成长，那就要设法把自己的兴趣变成孩子的兴趣，激发孩子的学习动力，这样孩子才会从心里愿意去学、去做，成功的概率也才会更大。

要尊重孩子的选择。作为学生，主要任务当然是学习，所以，作为家长，一项主要任务是尽量为孩子的学习创造良好条件。但对于怎么学，家长不宜干预太多，要多听听孩子的意见。比如，上初中以后，学校举办过各科同步班，老师们也要求学生尽量参加，但孩子不想参加。他说，要学的内容90％在课堂上都学过了，也掌握了，为那10％再去占用周末时间，就没有时间玩了，不值得。我认为孩子说得有道理。所以，这几年来，他基本没参加过同步班。但是，这个寒假前，孩子说，现在数理化越来越难了，课堂上老师讲得也太多太快，自己消化不了，下学期得参加同步班、上晚自习了，不然就跟不上了。让孩子自己去选择，效果比家长替他选择要好得多。尊重源自信任。我们要相信孩子的选择，同时要让孩子感受到家长对他的信任，这样他才会努力不辜负家长的信任。

要学会引导孩子

引导孩子，主要是教会孩子如何做人。在这方面，我十分赞赏八中的做法。八中不仅具有很高的教学质量，还具有先进的教学理念，特别是非常重视孩子良好品格的培养。我非常感谢八中的老师，也庆幸孩子坚定不移地选择八中。作为一个家长，在如何引导孩子方面，我的体会是：

要引导孩子养成良好的性格。能否形成良好的性格、品格，可以说是孩子是否健康成长的重要标志。我认为，孩子应该具有乐观自信、诚实守信、宽容忍让、富有爱心、乐于助人、懂得感恩、有集体荣誉感、有团队精神等品格。如果发现孩子有自私、任性、孤僻、霸道等不良性格，则要及早想办法纠正。要在发现苗头时就告诉孩子，这样做是不对的。如果孩子养成了不良性格、品格，受伤的不仅仅是孩子，还有家长和社会。我对孩子参加学校的各种集体活动，都给予有力支持，即使耽误一些学习时间，我认为也是值得的。现在他的集体荣誉感非常强。

要引导孩子养成良好的生活习惯。自立、勤奋、卫生等，都是一个孩子应该具有的生活习惯。现在独生子女有一个共性问题，就是依赖性强。许多事情，诸如洗衣、做饭以及其他的家务劳动等，不会做也不愿意做，而我们家长往往也舍不得让孩子去做，这直接导致一些孩子独立生活、适应环境的能力不强。我觉得培养孩子自理能力应当成为家长的一项重要任务。记得我家孩子在三年级时就喜欢做饭、做菜，当时我母亲说用煤气太危险了，不让孩子做。我还是鼓励孩子做，但提醒他要注意安全。现在孩子已经会做不少菜，假期他自己在家时，我们不用担心他的吃饭问题。在培养孩子良好生活习惯的同时，还要纠正孩子不讲卫生、不做家务、生活没规律、上网没节制等不良习惯。我认为，良好习惯的养成是要花点时间、吃点苦的，但现在舍得让孩子吃点苦，以后孩子才会少吃苦。

引导孩子树立正确的价值观、人生观。现在社会风气对孩子的影响是很大的，有些是积极的，有些则是消极的。比如，有的孩子好攀比、爱虚荣，花钱大手大脚。对此，我们既要让孩子知道"谁知盘中餐，粒粒皆辛苦"的道理，还要让孩子知道，好攀比、爱虚荣是不对的。应当承认，我们每个家庭的经济条件有好有差，社会地位有高有低。但不论家庭条件如何，我们都要培养孩子自尊、自信、自立的精神，教会孩子艰苦朴素、平等待人、低调做人、乐于助人。家庭条件好的，不要培养孩子的优越感，更不要让孩子炫富摆阔；家庭条件不好的，也不要在争气的心理下，一味强化孩子出人头地的意识。孩子就是孩子，学生就是学生，他们所能承担的东西是有限的，但树立正确的价值观、人生观对他们的助益将是无限的。所以，如果孩子要比，就要让他们去比学习能力、比动手能力、比待人处世接物等。要让孩子确立一个奋斗目标，把精力用在实现这个目标上，使自己成为一个对社会有用的人。在我的影响下，我的孩子从不与人盲目攀比，也从不乱花钱，平时给零花钱也不要，在整个初中阶段都没使用过手机，给他手机也不要。我始终相信，让孩子树立正确的价值观、人生观，将会让孩子终身受益。

要学会激励孩子。我认为，激励也是引导。因为家长鼓励什么、反对什么，对孩子的行为就是一种导向。当然，这里有一个评价孩子行为的标准问题。比如说，如果孩子好奇心强，喜欢搞点小发明、小创造，是鼓励孩子还是批评孩子不务正业呢？如果孩子把自己的零花钱捐给了贫困地区的学生，家长是表扬孩子富有爱心还是批评孩子乱花钱呢？不同的评价标准对孩子的影响是很大的。所以，作为家长，要善于发现孩子的长处和优点，要善于激励孩子，这对孩子的健康成长也是非常重要的。

要给孩子做出样子。家长的言行对孩子品格、习惯的形成，影响巨大。我们必须承认，孩子身上的不良行为，许多与我们家长有关。家长对孩子的影响是潜移默化的，如果我们家长身上有这样那样的不良习惯，多少会对孩子产生不良影响。所以，我对自己的要求是，凡是要求孩子做到的，自己要首先做到。比如，我们一向要求孩子诚实守信，为此，我们特别注意自己对孩子的承诺，只要答应了孩子的事，一定会做到。这样，如果孩子有时答应了我们的事而没有做到，再去批评他，他也能够接受。我还有一点感受，就是如果自己做错了，一定要勇于向孩子认错。去年有一天，因工作压力大，自己情绪不太好，开车时遇到一个故意挡我的司机，忍不住骂了几句。当时孩子就不高兴，回家后也一直闷闷不乐。第二天，孩子鼓起勇气，非常严肃地跟我说："爸爸，我必须跟你谈一谈，我觉得你昨天骂人是不对的，非常有失身份，你过去不是这样的。"当时听了这话，我脸上火辣辣的。但一想孩子的意见提得对呀，自己的表现确实失态。于是我向孩子承认了错误，并保证以后不会出现这样的情况。我想，如果我们家长有了错却不承认，以后想让孩子改正错误将会很难。

要学会和孩子沟通

可能有不少家长和我有相同的感受，就是在小学阶段，与孩子沟通不是太难；但进入中学后，就日渐困难了。这里有孩子进入青春期、叛逆性增强的原因，但我想，这不是根本原因。根本原因是孩子在成长，而我们家长还停留在过去。应当看到，随着年龄和知识的增长，孩子们对许多问题越来越有自己的看法，个性越来越强，希望自己被别人重视、尊重的意识也越来越强。如果我们家长不注意这种变化，还是用过去管小学生的办法来管中学生，肯定会引起矛盾。所以我认为，应该是我们家长更多来适应孩子，而不是强迫孩子来适应我们家长。

首先，家长要学会换位思考。我们常说，做人做事要将心比心，这其实就是换位思考。当我们对孩子提出各种各样的要求时，一定要站在孩子的角度来想一想：如果我是孩子，这些要求对我合适吗、合理吗？而不要在孩子不听招呼后就对孩子说："你太让我伤心了，我做的这些都是为了你好。"结果，孩子不领情，家长还很伤心。换位思考，就要多听听孩子的想法，如果我们不给孩子这样的机会，只是我说你听、我提要求你去做，肯定难以沟通。进入中学后，有段时间孩子特别喜欢玩游戏、听各种流行歌曲。我就告诉他尽量少玩游戏、少听歌曲，这对视力、听力都不好。有一天儿子跟我说：爸爸，你知道我为什么要玩游戏、听新歌吗？因为同学都在玩儿、都在听，如果我不听、不学，与同学就没有共同语言了，就被孤立了。很明显，如果站在孩子的立场上看，这无疑是对的。所以，我说，可以理解，但要适可而止，他也表示同意，后来有所节制。由此可见，平时多听听孩子的意见，有利于问题的解决。

其次，要寻找与孩子交流的共同语言。有朋友跟我说，现在跟孩子没法说话，你说他一句他有两句等着你；还有的朋友说，现在跟孩子没话说，也不知道该说啥。我自己也感到，孩子进入中学后有一个明显变化，就是同学在一起话很多，可跟我们在一起话越来越少了，再也不像上小学时那样，我们一回家就开始不停地向我们讲学校的事；不仅不主动跟我们讲学校的事，就是你问起来他也只是三言两语，有时甚至还不耐烦。后来我与儿子谈心，问他为什么跟我们说话少了。他说，没什么好说的，我感兴趣的你们不感兴趣，你们感兴趣的我又不感兴趣。这事对我触动挺大，后来我特别注意孩子的爱好、兴趣，他喜欢 NBA、CBA，我抽空也就看看篮球比赛，有时还与他一起看；他喜欢周杰伦、S. H. E 的歌，我也经常听听他们的歌，诸如此类。共同语言多了，再和他谈别的话题就容易了。我感到，如果我们家长只关心孩子的学习成绩，对他关心的其他问题却毫无兴趣，那么沟通起来肯定很困难；更严重的是，如果在孩子看来，你什么都不懂却什么都要管，那是必定要引起孩子的逆反心理的。在与孩子的交流中我感觉到，解决与孩子缺少共同语言问题的方法还是很多的。比如，多和孩子讨论一些他所关心的问题，让他充分发表自己的意见，家长在讨论过程中也可以对其他问题发表自己的看法，对孩子提出意见和建议，这样孩子往往能够听得进去；再比如，可以多向孩子请教一些他所擅长的知识和问题，像体育、外语方面的知识，电脑、家用电器的使用等，他的成就感会大大增强，和家长交流的兴趣也会大大提高。

最后，要注意教育方法。孩子进入中学后，我还感到有一个明显变化，就是脾气明显变大。你对他说话声音稍大，他的音量就会明显提高。我想，这既有孩子学习压力增大的原因，也有孩子进入青春期的原因。所以，我常和爱人说，我们现在是更年期遇到了青春期，跟孩子说话还真得注意点方式。几年来，我有一个突出感受，就是千万不要训斥孩子，即使他做错了也要注意说话的语气，而且不要说得太多；要尽量用询问、商量，而不是质疑、命令的语气与孩子谈话；在批评孩子时，父母要保持一致，而且要用孩子能够接受的方式批评孩子，特别是不要按照自己的思维逻辑钻牛角尖式地批评孩子，更不要在别人面前批评孩子。还有一点，平时要和孩子多接触。特别是父亲，不能把教育孩子的责任都推到孩子母亲身上。由于工作比较忙，我平时加班比较多，与孩子接触的时间也不多，但多年来我始终坚持早上送孩子上学，只要有时间就陪孩子一起出去看看。这样虽然不会谈很多东西，但却可以加深与孩子的感情，这对与孩子沟通是非常有帮助的。

要不断学习

我相信许多家长可能都有这样的感受，那就是随着孩子的长大，家长的权威地位在逐步下降。到了中学，许多家长已经很难在孩子面前保持权威地位了，反而是孩子对家长日渐强势。我认为，这种转变，源自两个方面。一是孩子长大了，父母在孩子眼中再也不是那个无所不知、无所不能的偶像了。他们发现父母辅导不了自己的作业了，对许多新事物根本不了解甚至不愿接受，他们不懂的东西父母也不懂，而他们懂的许多东西父母也不懂。换句话说，我们让孩子崇拜的前提、本钱已经没了，再想让他们像小时候那样崇拜我们已经不可能了。二是我们做父母的确实落伍了。我们相信自己多年的经验是人生经历的积累，用来教育孩子是错不了的。而事实上我们的经验未必适合孩子，也未必都是正确的，但很多时候我们并不愿意承认这一点。我们应当承认，代沟是客观存在的，在许多方面我们和孩子的差距也是客观存在的。所以，我们家长坚持的东西在得不到孩子理解的时候，不要轻易去责备孩子，而是要反思一下这样做是否正确。我觉得，在孩子进入中学后，家长就要适当转换角色，不仅要做一个教育者，还要做一个受教育者。要学习，不仅要向老师学，还要向孩子学。这不仅是为了维护我们做家长的尊严，也是为了更好地同孩子交流与沟通。让我们家长与孩子一起成长。

需要说明的是，我们每个家庭的情况是不一样的，每个孩子的情况也是不一样的。成功的孩子千千万万，每个家长都有自己的育儿经验。我所谈的仅是我个人的一些体会和感受。我认为是正确的东西未必是正确的，对我的孩子适用的方法未必对其他孩子适用。但我和许多家长一样，希望自己的孩子能够健康成长，希望能够更多地享受天伦之乐，所以，我愿意对自己的体会做一点梳理和总结。

在孩子全面发展方面的几点考虑

杨喜湫家长

我们是杨喜湫同学的家长，我们想谈一谈孩子小学期间在家庭教育方面的一点儿体会。

在孩子六年的小学生活中，我们最大的感受和体会就是，在家庭教育方面，要积极配合学校的素质教育，把注重孩子的全面发展放在重要位置。

引导孩子与同学友好相处

孩子从幼儿园到小学，进入一个陌生的环境，而且有课业负担，对她的心理有一定的冲击。如何尽快适应环境，就成为孩子刚上小学后几个月我们配合学校的主要内容。我们采取的主要办法就是每天放学后，都和孩子聊聊学校发生的事，鼓励孩子主动说说她自己的感受，对存在的疑惑耐心地引导，特别是如何与同学相处这方面，要引导她自己想出解决办法；同时对她的课业不提过多要求。经过一个多月的磨合，孩子能够较好地处理与同学的关系，成了班级大部分同学的好朋友，在学校也过得很开心，每天都能够把精力都用在学习上。

鼓励孩子多为集体做工作

孩子是 10 月份出生的，在同学中是年龄比较大一点的，从一年级开始，老师就喜欢让她去为班级做一点儿工作。我们家长也有意识地鼓励她，打消她的顾虑，让她愉快地去为班级做一些力所能及的事。她从三年级开始担任少先队大队委，大队辅导员对她要求很高，她的工作任务也多了起来，有时早上 7 点前就要到学校，做培训升旗手等准备工作，有时同学们都放学了她还要到大队部继续工作。这时候孩子难免产生一些怕吃苦的想法。作为家长，我们就从正面告诉孩子，这是难得的锻炼机会，占用的时间可以从提高效率、合理分配时间等方面补回来；同时从如果不能按时放学提前给家长打电话、预估时间等方面，培养孩子计划协调事情的能力。

帮助孩子养成良好的学习习惯

小学时老师管得比较多，很多时候老师都是手把手地教，因此，学生的依赖性也比较大。具体体现在老师让干什么就干什么，让什么时候干就什么时候干，自己有想法的不多。低年级时，喜湫身上也有这种现象。开始时，我们先顺其自然，让她尽快地适应学校生活。半个学期过去后，我们就开始有意识地引导她，首先是帮助孩子提高计划性。每天放学后，先问一问今天有些什么事，打算怎么做？对有些不合理的安排，要和她讨论一下。慢慢地孩子自己就形成了习惯，知道自己要干什么和做事的顺序，分清轻重缓急，基本上没有发生要睡觉了才发现还有作业等事情没做的现象。其次是帮助孩子提高效率。育民小学教学质量要求比较高，课外活动也比较丰富。一方面，孩子过得都比较充实，在素质教育方面受益良多；另一方面，孩子要做的事情也比较多。这种情况下，就要督促孩子提高做事的速度，做事时必须集中精力。在这方面，我们家长也要以身作则。比如，孩子学习时，我们家长不看电视、不上网，一切都等孩子学习结束后进行。最后是帮助孩子及时总结。每个学期结束后，都和孩子谈一谈感受和体会，让她自己说一说成功的方面和不成功的例子，哪些是要坚持的，哪些是要改进的，哪些是要重新学习的。帮助孩子摸索适合她自己的学习方法。从我们的体会看,这一点是小学生普遍的弱项,如果家长不去帮助孩子,她们自己一般不会主动去做。

培养孩子的运动意识

现在学校每天基本上都能保证有一节体育课,但受到场地等条件限制,我们感到学生每天的运动量还是不够的。在这方面我们也有教训,孩子三年级就戴上了眼镜,虽然原因很多,但和锻炼少还是有关系的。现在每周我们都给孩子安排一次游泳、一次跑步、一次球类运动。通过这几年的坚持,我们感到受益不少,比如孩子的身高很正常,孩子的体质好了,学习的效率也提高了。

喜湫经过六年的小学生活,在各方面都有了比较明显的进步和提高,老师评价她是小助手,同学评价她是好伙伴,可以说是得到了比较全面的发展,也得到了很多荣誉,比如西城区三好学生、北京市三好学生、第一届西城区少先队代表大会代表等。作为家长,在对孩子的教育中,我们积极配合学校,在抓好学习的同时,在素质教育上也做了一些努力。但说实话,教育孩子的方式方法,我们也是摸着石头过河,有许多想法都是借鉴书本知识,也有许多想法是借鉴我们自己过去学习时的经验。但从我们工作以后的经验看,我们觉得还是应该围绕学习这个核心,更多地在全面发展上配合学校。

上述几点是我们这几年配合学校开展家庭教育的感受和粗浅的体会。我们参加了八中组织的家长学校的学习,学校为我们安排了非常实用的讲座,比如如何尽快适应初中的学习生活,培养良好的学习方法;如何度过青春期;家长与孩子如何沟通交流。这些问题一直是我们家长思考的,我们从中学到了很多。我们会按照八中的要求,积极配合学校工作,尽好家长的责任和义务。

第二章

做好中小衔接，走好初中第一步

近两年来，北京市小升初政策与之前相比，发生了较大的变化。"就近入学"得到了认真贯彻，"推优""特长"生的招生越来越规范。尤其是西城区，作为北京市的核心行政区，小升初的政策更是严格执行，让原先对小升初身怀恐惧之心的家长们多少减轻了压力。但是，教育政策在不断变化，教育的基本原理却不会改变，如何让孩子在减少了应试的压力之后，顺利完成从小学到中学的转变？如何让孩子走好初中三年？是很多家长更加关注的问题。

小学生升入初中，他们的学习与生活会出现明显的变化。家长要做好中小衔接的家庭引路人。从直观的角度来看，环境变了，初中的校园环境和学习环境相对小学而言，变得更加复杂，有了更加专业的实验室、语音室、电脑室，硬件设施发生了大变化。更关键的在于，初中的课程变得更加多样化，原来主要通过形象思维掌握的小学课程变成了直接与科学和文化对话，也就是较为抽象的初中课程。老师变了，小学老师大多是"妈妈型"的老师，重在带动、引导，总是在较为宽松的环境下开展教育，初中教师更注重传授知识和在品德上加以教导、规范。初中的教师要求较高，不可能像小学教师那样一直扶着孩子成长。另外，学生自身的身心变化较大。初中是学生身心发展较快、逐渐走向成熟的时期，在这个阶段，他们将逐渐由依赖父母老师而走向个性独立。因此，家长在小学阶段的许多成功经验在初一会遇到严重的挑战。

下面我们就分享几位初一家长在引导孩子走好初一之路中的体会。

"六字箴言"，陈爸爸告诉您如何走好初中第一步

陈波家长

教育培养孩子就是一个"管理"的过程，既要"管"又要"理"。"管"就是要立规矩、设栅栏；"理"就是要疏导、梳理。尤其是对男孩子，要充分了解其刚进入青春期的特点和行为，初一正是形成人生观、价值观和处世观的关键时期，我在教育管理孩子上注重了几个方面，用下面的六个字来说明一下。

一是"度"字。所谓"度"就是把握程度。中国儒家都讲中庸，在教育培育孩子上，也要体现这种思想。现在的孩子都是独生子女，都是在宠爱中长大，个性都很强，同时孩子在北京这样的大都市长大，接受各方面的信息里比我们那个年代要丰富得多，这就要不能用简单的方式对待孩子。做个不恰当的比喻，就像抓鲶鱼一样，抓重了就激烈反抗，抓轻了就跑了，只有力道恰到好处才能抓住鲶鱼。比如，在玩游戏时，大部分的孩子对玩游戏的兴趣比什么都大，最吸引孩子的就是游戏，子一也不例外，为此我和子一妈妈对他进行了多次"斗争"。采用的方法就是实行"双规"，即规定时间、规定地点，规定时间就是除周六外其他时间一律不准玩，周六也是在做完作业后再玩；规定地点就是必须在家中玩。再比如，孩子到了青春期，已有了成人意识，尤其是爸爸，在适当的时候和场合要和孩子做简单的交流和说明，告诉孩子每个男孩都是这样，点到为止。

二是"和"字。所谓"和"就是要和孩子一起营造良好和谐的家庭气氛，主要是要宽松、平等、快乐。一是宽松，就是别给孩子太大压力。考试很重要，但绝不是唯一重要的事，绝不能用考试来衡量孩子的

一切。子一平时有些单元测验考的并不理想，我从不指责、批评，尽可能一起分析原因。有时孩子不让动他书包，我知道书包中肯定有不愿意让我们看到的作业批改情况，我也注意不强行打开书包。二是平等，就是要尊重孩子的个别做法，平等相处。我不以家长和大人自居，将自己的意愿强加给孩子，在很多事情上尊重孩子，一起商量。比如，在报不报课外班的问题上，我们就同孩子商量，报与不报由孩子说了算，报了以后孩子也有随时终止的权利，并且对上课外班的情况、留不留作业、做不做作业我们都不过问。三是快乐。就是和孩子一起营造快乐的家庭气氛。欢乐的家庭气氛是培养孩子心智发育的一个重要前提和基础，家长千万别忽视这个问题。夫妻之间开个玩笑，与孩子讲个笑话，不但是快乐生活的需要，也是影响孩子的需要。工作的压力和烦恼我从不在家里当着孩子的面讲，只说说奇闻趣事和能带来轻松的话题。快乐的气氛也会带来孩子快乐的性格。

三是"德"字。张凤兰书记在八中一直倡导"先学会做人，再做学问"。我非常认可和赞同张书记的这种教育理念。在平时，我注重培养孩子的三种意识。一是责任意识。经常提醒他是男孩子，要有责任感，要敢于承担，自己做错就是错了，能够承认错误就可以过关，不允许撒谎。二是爱心意识。所谓爱心就是心中要有他人，要爱别人、关心人。具体地说就是心中要有父母、要有老师、要有同学，不能自私。平时带孩子到商场看到捐款箱，都让孩子捐点钱，通过一点一滴来感染、影响和教育他。三是自律意识。守规矩是好孩子的重要标志。在平时生活中，告诉孩子那些是好的，那些是不好的，什么应该做，什么不应该做。我还有意识地强化孩子心中的"权威感"，让孩子心中有敬畏，那就是老师的话必须听，现在孩子已经把老师的话当"圣旨"，老师在孩子心目中的地位至高无上。

四是"注"字。所谓"注"就是要专注。专注是孩子良好学习习惯很重要的一个方面。我告诉孩子，在学习上，课堂最重要、作业最重要，也就是听讲要专注、作业要专注。课堂就是战场，做作业就是训练场，这两个场上做好了，学习就有了基础保障。听老师讲，子一上课还比较专注。在家里写作业，我也要求孩子认真，他写作业我们都不打扰他，不递水不送吃的，即使写作业时该吃饭了也不喊他。

五是"补"字。所谓"补"就是补短板。每个孩子都有自己的优势和短处。作为家长要注意发现、了解自己孩子的优势和弱点，优势要发扬，弱点要补足。子一在学习上弱的就是作文和英文理解。为了提高他的作文水平，我们也是想了很多办法，一是督促多读书，进行积累，专门订了《读者》，从中选择一些文章和孩子一起共同阅读。二是帮助他触景生文。一次老师布置了写景的作文，我就带孩子走出家门，驱车几个时带孩子到门头沟百花山，边旅游边讲解，利用一天时间写完了一篇作文，取得了很好的效果。

六是"说"字。所谓"说"就是要多说、勤说。我们经常说教育孩子要言传身教，家长除了身教外，不要忽视言传。我和子一也发生冲突，也有暴跳如雷的时候，在此时，父母一定要冷静。我的办法就是"说、谈、聊"。我和子一的约定就是"促膝谈心"，拉着孩子的手，面对面地谈话。还要注意创造多种方式和孩子交流，对孩子感兴趣的事家长要有意识地了解，寻找和孩子的共同语言。现在我和子一经常晚上骑一个小时自行车，边骑边聊，既锻炼身体，又加强沟通，一举多得。

上文中的家长，做的最值得肯定的地方就是不再把刚上初一的学生当做小孩子来教育了，而是充分尊重孩子，保护孩子的自尊心，平等而民主地引导孩子成长。这一点对所有即将升入初中的孩子家长都是有启发的。在过去的 12 年中，我们习惯了替孩子想太多、替孩子做太多，而很少想到：12 岁的孩子已经具有了很多独立思考的能力，价值观、人生观也在不断形成中。尤其是开始步入青春期的他们，心灵极为敏感。这时候，也是极易发生与成人之间冲突的时候。我们做家长的要转变观念，在关键时候不要急于用成年人、家长的那套人生经验去训诫孩子，而要给予孩子申辩的机会，表达的机会，甚至给他沉默的权利。

进入初一，家长如何"管孩子"

马瑞坤家长

周末接到刘老师的电话，希望我谈谈教育孩子的心得，我诚惶诚恐，既兴奋又紧张，仿佛又回到远去的学生时代，接到老师布置的作业一样。头脑中迅速闪过曾经读过的一些书：《好孩子99%靠好妈妈》《好孩子来自妈妈的1%的转变》《好妈妈胜过好老师》《孩子是"管"出来的》《孩子，你慢慢来》《傅雷家书》《千里之行：朗朗的故事》《靠自己去成功》《虎妈战歌》等，希望从中总结一些精髓，交一份令人满意的答卷。然而，思来想去，发现自己没有傅雷的博学，没有龙应台的耐心，没有韩国妈妈的自信……最终发现，哦，我不过是一个中国传统教育式的"虎妈"。在此与大家分享一下我作为家长的思索与实践，也许"对"了，也许"错"了，仅供参考和讨论。

借用德国教育家的话，我相信孩子是"管"出来的。"管"，不意味着横加干涉与替代，不意味着苛刻管教与束缚，而是关注、陪伴、支持和鼓励。

关注孩子的学业

尽管社会上关于中国考试制度存在诸多批评甚至抨击，但似乎还没有其他更好的选才方法取代它。分数可能不是最重要的，但学业是重要的，因此我很关注孩子的学业。在跨国公司工作多年，深知优秀企业对人才的渴望与苛求，最好的公司只到最好的大学挑选最优秀的学生。学业的优秀不能决定一个人的成功，但它是走进人生竞技场的敲门砖。看看跨国公司的高管,每个人的简历首页都有漂亮的学业记录。《世界是平的》的作者警示美国孩子:"你们要好好学习,否则很多中国孩子和印度孩子将来会抢走你们的饭碗。"中小学的基础学习在孩子成长过程中必不可少,那些数学好的人,在工作中明显表现出良好的逻辑思维能力,在复杂事物中快速找出内在联系的能力。学业的学习是一种能力的培养。

孩子学习以她为主,作为家长,足够的关注很重要。家长关注了,孩子才能认真对待。我不会每天检查她的作业,但我要求自己基本上掌握她现在学习什么,她掌握的程度如何,平时没时间,但每逢周末、期中、期末,会花一点时间与她一起复习,检查知识学习是否有遗漏的地方。更多地在学习方法、习惯及时间管理方面与她分享经验、给予指导。从发展心理学角度,这个年龄段的孩子对时间观念和管理还处于发展阶段,因此帮助她建立规律有序的生活习惯,每天按时起床睡觉,这样学习时注意力才能高度集中,效率提高。如果孩子在九点以前还不能完成作业,我会询问为什么。孩子考试成绩好了,我会分享她的喜悦;孩子考不好时,我尽力不去指责,而是反思问题所在。

支持孩子自己的选择

孩子进入八中,是她自己的选择。进入八中后,她人生第一次感受到了压力。期中考试前几次对我说:好有压力,期中考试要大排名。听着,说实话我挺心疼的,但真正的爱护是帮她学会应对压力。于是我对她说:不就是一次考试嘛,这也算压力,谁没有压力呢?妈妈下周要开个重要的会议,压力也很大,这不周末还加班吗?压力是生活的一部分,无法逃避,关键是学会与它相处。我看到她露出了笑容。在很多情况下,家长就是孩子生活的导师,我们的言行可能无意中对她的人生观、价值观都有着潜移默化的影响。家长没有权利决定孩子的生活,但有义务帮助孩子去实现她想要的生活和梦想。曾经听到一位妈妈对孩子说："孩子，没关系的，你考不上大学，妈妈依然爱你。"我为这种无私的无条件的母爱动容，却内心充满疑惑。如果孩子的愿望是考上大学，如果母亲有足够的爱，为什么不能尽力帮助孩子实现她的愿望呢？

陪伴孩子一起成长

女儿从三岁开始学钢琴，这是她的选择。可惜她太小，还不知道选择的代价，从此开始了枯燥而持久的训练，每周一次课，尽量保证每天弹琴1小时左右。我所能做的是陪伴，只要我不出差，陪伴上课、陪伴练琴。我发现有我的陪伴，她更专注、更有成效，学音乐的孩子不最需要知音吗？当她还没有能力赢得众多的知音时，妈妈不就是最好的知音吗？其间，我有疲劳厌倦的时候，但我想如果我做不到，我又如何有资格要求一个孩子做到呢？随着孩子的成长，我越发觉得自己音乐素养有限，于是我读书，读《傅雷家书：与傅聪谈音乐》，读贝多芬，读莫扎特，读《指尖下的音乐》……然后和女儿分享，让她在最初的枯燥训练中依然感受到音乐的魅力与美好，让她在攀登音乐高峰时，在艰辛中看到无数美好风景。看到女儿的小伙伴放弃学琴，妈妈们纷纷抱怨孩子时，我总在心里问，妈妈是否真的尽力了呢？

孩子三岁以后，我每年都带她到各地旅行，去埃及看法老，去奥地利莫扎特的故乡，去巴黎参观卢浮宫，每次旅行在飞机上、在火车上我恶补《埃及通史》《你不可不知的300幅名画》，和女儿一起看《希利尔讲世界史》。女儿读古诗，我就读《蒋勋说唐诗》《蒋勋说宋词》；女儿看鲁迅，我也看鲁迅；女儿看《哈利波特》，我就了解J.K.罗琳，听她在哈佛的演讲，为的是能跟上女儿成长的脚步，分享我的感受和体验。有人一起谈论，一起分享，孩子更加有兴趣，更愿意探索。荣格说：智慧是基因的继承。**读书不会使明天的早餐有所不同，但却会使你**

的基因高贵起来。

鼓励孩子经验人生

我鼓励女儿参加各种有益的活动。小学一年级开始竞选班长，她最初试过三次，都失败了，看到她失望的样子，我很难过，竞争好残酷啊。但我鼓励她不断努力，不是仅仅为了当班长，而是在挫折中学习成长，因为有效的表达是影响力的基础。女儿要参加辩论大赛了，可不知从何入手。我与她谈起她小学时的辩论会，让她讲那次经历得失，然后告诉她什么是辩论，为什么要辩论，应该如何准备、收集资料，整理思路，等等。还跟她分享美国总统奥巴马竞选的得失。在孩子的许多人生的第一次中，我们不就是一个向导吗？世界上有多少天才？我们能强求孩子第一次就做到最好吗？其实人生的每一小步，都是宝贵的，鼓励孩子去体验，这是最好的学习。听说这次班长竞选，一个男生都没报名，很遗憾啊，希望男孩子的爸爸妈妈给孩子鼓励加油。

时间过得真快啊，回想十二年前，由于难产，在医院痛苦挣扎一天一夜后，女儿终于诞生了，那一瞬间，一句英文谚语从我脑际掠过：No Pain, No Gain（没有痛苦，就没有收获）。在女儿成长过程中，我读了一些书，学了心理学，与很多人讨论过教育，但很难说得到什么真谛，但我相信母爱的力量。最后与大家分享《少有人走的路》中的一段话："推动个人乃至整个物种克服懒惰和其他自然阻力的力量究竟是什么呢？我们已经给它取了名字，那就是'爱'。真正的爱，须以全部身心投入和奉献，需要付出全部的智慧和力量。"

上文中的家长，在孩子面临从小学到初中的转变时，注重从自身做起，真正从多面关心孩子身心，使孩子顺利度过了过渡期，踏上了顺利的中学学习之路。

培养孩子的阅读兴趣，怎样让孩子爱读书？

贾书源家长

余秋雨先生曾经这样评论过书籍的功能，他说："只有书籍，能把辽阔的时间浇灌给你，能把一切高贵生命早已飘散的信号传递给你，能把无数的智慧和美好对比着愚昧和丑陋一起呈现给你。区区五尺之躯，短短几十年光阴，居然能驰骋古今、经天纬地，这种奇迹的产生，至少有一半要归功于阅读。"阅读使文字具有了永恒的价值，它比图像更空灵，比记忆更清晰，比冥想更深邃。它让你站在巨人的肩膀之上，让你凌驾于伟人的思考之上。阅读是人社会化的重要途径，它把自然人转化为社会人。我们所认识的世界、人生、社会，很多都源于阅读。阅读虽不能改变人生的长度，但可以改变人生的宽度和厚度。通过阅读你可以视通四海，思接千古，与智者交谈，与伟人对话。对于一个生命有限的人来说，这是一件多么幸福的事啊。

至此，很多家长因为孩子不爱读书而烦恼，更为培养孩子的读书兴趣而绞尽脑汁。但是"强扭的瓜不甜"，一味强迫孩子读书，反而容易造成孩子的逆反心理，反感读书、畏惧读书。其实注意一些生活中的细节，可以帮助孩子培养读书习惯，比单纯的口头督促效果要强得多。那么该注意哪些细节呢？下面就我们家培养孩子的读书习惯谈几点，不对的地方敬请批评指正。

帮助孩子确定阅读书籍

首先，发现孩子的兴趣，从孩子感兴趣的方面来搜集图书，引导阅读，逐渐扩大读书的广度。

其次，带孩子到图书馆，馆里的环境和很多看书的孩子会让她静下来。最后，孩子自己选择喜欢阅读的书籍，一般来说，0～3岁的孩子喜欢色彩鲜艳的画报和漫画，3～6岁孩子喜欢童话以及带有情节的故事画报、7～10岁喜欢情节丰富的故事书、探险、神话故事等等。

为孩子提供轻松自由的阅读环境

目前很多家庭，家长很少读书看报，家里找不到一本藏书，却生硬地要求自己的孩子多看书，这样一点儿都不现实。怎样为孩子营造一个良好的学习环境呢？可以在孩子卧室里、客厅等一些孩子常玩耍的地方放些儿童读物，让孩子随手拿来阅读。家长做榜样。家长是孩子的第一任老师，我们平时在家一般不整天对着电脑，而是多读书看报，周末有空就带上孩子一起去书店待上半天，并且各自选择自己喜欢的图书阅读，孩子经过不断的耳濡目染，自然也会慢慢喜欢阅读。

把阅读选择的权利交给孩子

阅读是一种求知行为，也是一种享受。因此，在孩子的读书过程中，家长除了需要对真正有害于孩子的书刊进行控制外，不应对孩子所读书刊的内容、类型和范围进行人为的约束和控制。通常，孩子所读书刊的内容范围越广越好。一般说来，从上小学开始，大部分孩子在阅读内容的选择方面已逐渐形成自己的爱好和兴趣。对此，家长应注意观察、了解和引导，不宜过多地干涉。美国图书馆学教师苏珊·罗森韦格有一句名言："如果您想要孩子完全按照你的计划阅读，那注定不会长久。"

提醒大家的是：好奇、好动、缺乏耐心和持久力是孩子普遍的心理特点。他们喜欢的阅读方式是一会儿翻翻这本，一会儿翻翻那本。对此，家长不必过多去管他。通常，在这一阶段，只要是孩子愿意把一本书拿在手上津津有味地翻看，家长就应该感到心满意足了。因为，这类表现完全符合孩子的早期阅读心理，是孩子在阅读求知的道路上迈开重要一步的标志。

亲子共读，为孩子树立良好的阅读榜样

我个人认为，在家里，父母应尽可能多地和孩子在一起看书，做孩子的阅读榜样。同时，还可经常与孩子在一起交流读书的方法和心得，鼓励孩子把书中的故事情节或具体内容复述出来，把自己的看法和观点讲出来，然后大家一起分析、讨论。如果经常这样做，孩子的阅读兴趣就可能变得更加浓厚，同时孩子的阅读水平也将逐步提高。

有时还需要家长提前阅读，这样在孩子阅读的时候给孩子讲个引子，然后引导孩子自己阅读找到答案。培养孩子的思维能力，启发孩子的好奇心。另外，争取每晚陪读，每天晚上在孩子睡觉前，陪她读一会儿故事书，持之以恒，不但可以帮孩子培养阅读习惯，还可以增进亲子交流，促进沟通。

培养阅读习惯

王衡家长

提到教育经验，很零碎，没什么模式，也并不系统。我回忆了一下，主要是在培养她阅读习惯用的功夫比较多。

我在女儿两三岁时就带着她认识了很多汉字，在玩耍时还教了她许多唐诗，和她一起读《幼儿画报》，早期阅读便这样悄悄开始了。后来直到四五岁，我始终坚持每晚临睡前给她读故事，读完一个又一个，她是越听越精神，我是又累又困。其间还想了个办法：听"故事盒"，从小故事到中篇的，再到长篇评书《杨家将》《三国演义》。三年，几乎每天都听，她到六岁就能把里面的人物、故事情节说得清清楚楚。

在小学的六年里，我几乎一有时间就带她去书店，她也非常喜欢去，经常是三四个小时不出来。渐渐的，一年级时她就能读10～15万字的小说了，小学二年级时读了金庸的几部武侠小说，一个暑假读完七本"哈利波特"。我突然发现她的阅读速度很快了，就根据她的喜好给她买书，她也非常高兴，这个时候，不计较她记住多少，只要她读得开心就好。有的时候她沉浸在书中故事情节中，叫她吃饭她都听不见。在她阅读的过程中生字肯定不少，不停地查字典是对阅读的不断打扰，会破坏她的兴趣，告诉她不认识没关系，能看懂就行，如果有生字影响理解的可以问家长，这样让孩子觉得很便捷，阅读起来有轻松感，能顺利地阅读。

阅读是需要诱惑的，到了四年级的时候，我觉得应该扩大一下她的读书范围，就拿了《福尔摩斯探案全集》，刚开始她也不是太感兴趣。我就自己先读个故事，读完给她讲，讲到关键时候就停下来，说我没读完呢。她心里痒痒的，看她着急，我就说你自己看吧……

为了培养她读书的习惯，那些年我是不看电视的，抽时间看些书，这对孩子也是无言的教育。我对女儿从不限制她看什么书，只是略微引导，适当提提建议，在选择中主要以孩子兴趣为核心要素，不以"有用"为选择标准。

现在的她，每天都会自己安排阅读的时间、阅读的内容，已经养成了阅读的习惯。

住校的孩子，你已经长大了

王城昊家长

作为父母，都会把孩子当作手心里的宝，会倾其一切地爱孩子，但孩子终归要进入社会，要独立去面对问题、独自承担责任、尽他该尽的义务。所以，在适当阶段，我们要对孩子说："孩子，你已经长大了。"

从孩子上八中起，作为一个住宿生，他便开始学着照顾自己的生活起居、周末独自往返于家和学校。记得刚开始时，我们很不放心，尽量在周日陪他返校。作为母亲，到校后我便忙着给他整理柜子、刷杯子等。他父亲在一边儿说，"以后这些事就由他自己做"。孩子看在眼里记在心上。果真，在以后我们不送他的日子里，他也能把事情做得很好了。当然，这期间有一些糟糕的经历。

我印象很深的一件事是：有一个周末，孩子拖回来三个大包，从下公交到我家还有很远的一段距离，他采用取二留一、前进加后退的方式，硬把东西带回家。后来我知道这种情况，很心疼孩子，可当弄清他连一些不必要的东西都带回家，致使增加了负担时，还是意识到，孩子在整理物品的能力上还有欠缺。当然，工具书他不知道家里还有一套，是为了写作业才拿回来的，但是我想他可以在回家前跟我电话沟通呀，所以还是指出了他的不足。

在初一整个学年的过程中，有那么两次，他在回家或返校后，发现作业没带全。一开始，我们帮他把问题解决了，同时严肃地跟他说："孩子，你已经长大了，自己的事情一定要尽力做好，否则自己承担后果。"慢慢地，孩子做事果真仔细多了，基本上能自己解决问题了。

在学习方面，我们一直不给孩子过多的辅导。我们主张，在遇到疑难问题时，孩子要自己学会查阅工具书、翻资料去找答案。孩子成绩一直还可以，我相信，靠这种办法，孩子一定会越来越棒。

每一位家长都望子成龙，希望孩子走向成功。不过我们只能为他打好基石，帮他养成好的习惯，真正的努力还要靠他自己付出。他们需要自主与自强。

浅谈教育孩子方面的几点体会

罗心怡家长

自进入初中以来，随着学习任务的增加，学习形式的改变，学生和家长都要有一个适应和转变的过程。在各项竞争和压力面前，这些正好处在青春期的孩子，会在成长和学习的过程中暴露很多自身的问题。要教育好孩子，正确引导孩子走出困惑，端正学习态度，掌握正确的学习方法。在学校和老师付出了很多辛苦的同时，家长的配合教育也很重要。家庭教育是一项系统工程，在教育自己孩子的过程中，每一位家长都有自己的理解，仁者见仁，智者见智，下面是我在教育女儿方面的几点体会。

培养良好的学习及生活习惯

现在的家庭大多都是独生子女，孩子从小衣食无忧、备受娇惯，但是我们从孩子上幼儿园前就开始注重培养她的生活习惯，她两岁半就自己吃饭，这与孩子自出生就和父母一起生活有直接关系。直到现在，一切课外时间都由孩子按计划安排。升入初中后，在课程设置等各方面感觉与小学有很大区别，孩子学习任务本身很重、很累，作为我们家长尽可能地给孩子创造良好的学习环境，营造学习型家庭，给孩子起到带领和引导的示范效应。始终坚持少报各类辅导班，让她多一些自主的时间，干一些自己想干的事情。上课紧跟老师的进度弄懂弄通，高标准地完成课后作业就行。

保持良好的心态和对自己充满信心

刚升入初中时，孩子还有一种在小学时的优越感，直到开学后第一次摸底考试中成绩不理想被分到 B1 班，她才感受到挫败，心理压力陡增。我们对她说，八中是个人才济济、强手如林的地方，实验一班是一个优秀的集体，想考进去需要加倍努力。一次成绩代表不了什么，后面的路还长着呢，只要找到正确合适的学习方法，肯定能有大幅提升。后来在期中考试时她一跃考了年级第一，我们又找她聊了一次，担心她背上心里包袱，引导她说你还是有上升空间的，付出与回报是对等的，但以后出现名次上下浮动时都很正常，要以平常心对待。自此我们不再对各种测试定指标任务，让她自己心里有个目标就行，如果达到目标不自满，未达到目标不气馁。从容面对，考出自己的真实水平就好。在我们家，物质也不与分数、成绩挂钩。

培养阅读的习惯和多种形式的兴趣爱好

从小学到初中，我们没有给孩子报任何的语文基础、阅读写作的培训班，但是给她买了不少书，并让她有计划地阅读，并不定期地写一些心得体会或者口述也行。我们觉得所有学科中最不能速成的就是语文，不可能一蹴而就，必须得靠平时的日积月累，在无形中得以提高，在沉淀中得以深化。初中一年来，我觉得孩子的综合成绩相对稳定，得益于她广泛阅读经典。

在培养兴趣爱好上，我们采取随意、自愿原则。比如上学、放学途中听听自己喜欢的中外歌曲，使之有一种放松、愉悦、舒展的心情。体育锻炼同样如此，比如跆拳道、游泳、玩滑板等等都是自选感兴趣的项目，只要时间允许，我们都会满足并陪伴。

培养孩子的独立性和主见性

这一点上，我们始终认为从小就要有意识地培养孩子的独立性和主见性，因为孩子不可能一辈子生活在父母的羽翼下。平时的生活学习尊重孩子的意愿很重要。比如，从小学到现在接送不了就得自己乘公共交通出行，独自在家时能照顾自己的饮食起居，自己的事情最终自己拿主意，父母可以提参考意见。让她认识到目前生活中学习固然是重要的一部分，但不是全部，应该是丰富多彩的。比如交朋友、看电影、看电视、适当出游等等。现在和同学一起去玩儿时，我们只是简单嘱咐一些交通安全和突发事件的防范措施，其他事情由她自己处理。一路走来，我们觉得孩子渐渐长大了，学会独立思考，遇事不逃避，有自己的主见。孩子只有在一次次的实践、思考中，才能不断长大，独立。

注重与孩子之间的沟通、交流

孩子愿意主动与你交流沟通思想，你才能更近距离地了解她各种思想上的动态，她也会不时听取家长的意见和建议。大多数时候，我们与孩子之间是朋友关系，虽然学校离家有近十五公里路程，但我们没有让她住宿，就是想和她的沟通交流更多一些，时机的选择大多在接送途中、睡前十分钟，话题也很广泛。比如同学间的交流、学校里的一些趣事、购物心得、衣着打扮、对各种社会事物及现象的观点和看法等等。

总之，教育孩子的经验做法不可能千篇一律，各家有各家的高招，家长虽然能见证孩子的长大，但同时也需要同她们一同成长，在实践中不断摸索、成长、进步。

怎样尽快适应中学生活

亢怡凡家长

孩子中学第一年的学习生活很快结束了，在老师和同学的帮助下，她取得了不小的进步。

首先在学习中，童老师要求课后写当天回家后的学习计划，而且需要家长签字。小学时一直是回家后就做作业，没有考虑过每项作业要多长时间，什么时间做完什么时间算，这就造成了有的作业磨蹭很长时间，往往这样的作业正确率也不是很高。刚开始时，她不知道怎样列计划，让我签字时，我看一项一项列得挺清楚，也没仔细看就签字了。因为有时回家较晚，我也不知道她是怎样做计划的。后来慢慢发现，她某时间做的作业跟所列的计划并不相符，就问她这是怎么回事，她回答我说："没关系，反正作业都做了。"我说："那你的计划有什么用啊？"她说："计划是做完作业后写的，只是给老师看一下，没什么用。"我告诉她做完作业后写的不叫计划，叫总结。我告诉她童老师让每天做计划的良苦用心，是希望每一名同学都能成为一个有计划的人。告诉她刚开始做计划可能有点难，但坚持天天做，过一个学期、一年后也就不难了。刚开始我一有时间就和她一起看今天都留了几项作业，每一项后面标上所需的大概时间，再把吃饭和休息的时间写上，然后根据自己的喜好安排前后顺序，这样一份计划就做好了。坚持一段时间后，我发现她做计划的能力有了很大提高。这个暑假我们也是这样，把每项作业需要的大概时间列出来，根据自己时间再写上哪天前必须做完，从而做到了学习和出游两不误，也不至于在开学前几天狂补作业。

还有一项就是她上中学后有一段时间很迷恋上网聊 QQ，不让上网她不愿意，但又担心上网时间太长影响学习，其实有时候他们在网上聊的也没有什么具体内容，就是喜欢大家一起在网上的感觉。为了控制她上网的时间，经商量决定必须通过自己努力挣得上网时间，比如每次考试自己定一个目标，如果达到就可以获得半小时上网时间，连续三次达到目标就可以再有额外奖励。读一本课外书就可以获得一次聊 QQ 时间。还有干家务、参加体育活动都可以获得上网时间。这样坚持一段时间上网时间减少了，学习、干家务、锻炼也增多了，而且还提高了自觉性。

总之，通过这一年的学习，她逐步适应了中学的学习、生活，取得了比我们预想更好的成绩，尤其是在期中考试没有考好的情况下及时纠正自己的缺点，改善学习方法，在期末取得了满意的成绩。

协同教育　共促成长：从小学到中学的过渡

罗力铭家长

借此机会，我深深地感谢北京八中给予每一位家长一次弥足珍贵的说话机会。作为一名初一新生的母亲，今天，我能言及的仅仅是与孩子共同成长的一些真实的片段和一己心得。

2012年9月，我的孩子顺利通过入学考试，正式进入北京二中实验学校小学五年级学习。尽管他的入学成绩很不理想，但是一年多来，在各科老师的辛勤培育下，他健康快乐地成长，学习成绩逐步上升，五年级上期期末考试，数学竟然考了99，是班级第二名。作为家长，当时得知消息，我们几乎都不敢相信。五年级下期期末语文成绩名列班级第二名，数学成绩并列第一，并被评为校级三好学生，数学比赛连续两届取得了满分的好成绩。在此，我由衷地感谢所有付出辛勤劳动的老师！因为有您，我们的孩子才能够如此自信、如此健康地快乐地成长。

记得孩子初来北京，开学第一天，我们家长非常担心他是否能够适应新学校、新环境，甚至担心他被人欺负。我感觉那一天过得漫长极了。下班后，我们迫不及待地回家等他，放学了，孩子小脸上充满着骄傲与兴奋。晚餐时，他提到老师们如何上课，学校教学硬件的先进，整个校园设计的科学合理性，他怎样从羞涩变为主动积极发言，如何认识了新同学，同学们怎样帮助他。我清晰地记得，时任班主任王萍老师曾布置一篇作文"二十年后重返校园"，我家小孩为学校设计的是小巧玲珑的太阳能发电机和绿色停机坪。作文中，他提到了同学们都驾乘着自己的小飞机前来看望亲爱的老师们。任何时代，绿色环保节能都应当是世界第一主题。耳濡目染，他的价值观正在随校园文化而渐渐形成。

　　另外，给予我一个深刻印象的是学校开设了"中草药"课，当时我非常好奇。孩子说，老师教育同学们，中草药是中华民族的国粹，不能在我们这一代手中失传了。所以，这虽然不是主课，我们仍然要好好学习。再后来，我看见孩子书包里的中草药了，他告诉我这是从学校中草园采摘的。春节期间，我们回老家，上山郊游，他还给奶奶采摘开了花的艾草，回家后，他亲自动手，加了一块生姜煎艾草药液，为奶奶按摩洗脚。那一次，我真的感到孩子已经长大了，懂事了。高兴之余，我也让他为爸爸洗脚，我开玩笑说，曾经有一年的中考作文题目就是《我为妈妈洗脚》，今天你帮爸爸洗了，以后就会得满分作文了。那天，他的手法特别"专业"，态度是难得的端正。

　　孩子在重庆就读的是知名的巴蜀小学，当时他的学习成绩中等偏上，还在校外补习英语。到了北京之后，我深刻地感受到了南北文化教育的巨大差异。孩子的英语口语以及笔试成绩让我们陷入深深的不安与愧疚之中。孩子入学一年多来，我和英语老师王艳丽未谋一面，只通过短信及电话联系。在王老师专业悉心的指导下，我陪孩子共同学习英语，每周坚持学习"一起作业"（一个小学英语学习平台），一起读外语。他对英语学习的兴趣越来越浓厚，成绩一点一滴地进步，每次单元测试分数都有所提高。现在，他能够独立完成作业并按老师要求在家听读、复习预习英语。我也常常采取"化整为零"的策略，让他只学习"十分钟"，休息之后，再进入下一个"十分钟"，"一起学习"是个非常好的学习平台。其中有"亲子共读"板块，我们经常扮演其中的角色，愉快跟读，并比赛谁的分数高。当然，孩子不是每次都乐意配合学习，遇到他心情低落、耍脾气使性子时，我就先讲故事启发他，有时甚至自己一个人大声地念英语，或者自言自语地说英语，我故意说错，这个时候，他会主动来纠正我，我还会继续佯装不懂，让他反复教我。通过一年多的磨合，我俩成了学习上的好朋友。

　　举家北迁，千里迢迢，因孩子快乐地成长，我们家长才得以安心高效地工作，一家人才因此迅速适应了北方生活。直至今日，在北京，我终于有了"家"的感觉。

彼时孩子不做作业、不好好吃饭、不遵守规则，我的力不从心、急躁与冲动，至今历历在目。在万念俱灰之际，我第一个想到的就是学校的老师，老师的每一句话、每一句鼓励都成了我的救命稻草……在老师的教导下，孩子又复归正常，我的生活也因此而平静如昔少无波澜。

师者，传道、授业、解惑也。老师的解惑还惠及家长，从中学学习韩愈先生的《师说》至实战中得到"解惑"这把金钥匙，几十年来，我倍感师者之亲切伟大。

谈孩子与家长之间的信任

赵昊家长

　　时光荏苒，转眼女儿已经十三岁了，即将步入初二阶段的学习。回想十三年与女儿一起走过的日子，感慨良多。总体说来，我女儿算是比较乖的一类，学习上虽然不是最拔尖的，但也算得上出类拔萃。现将我们的一些心得和体会与大家分享。

　　我一直认为，孩子成长过程中，家长和孩子都处在教学相长的状态中，不仅是家长对孩子的教育，很多时候，孩子的行为也在教育着我们。因此，我尽力回避"教育"一词，而更愿意说成"孩子与家长的彼此成长"，或者是"家长陪伴孩子成长的过程"。

　　应该说，在与孩子一起成长的过程中，最大的感受是"彼此信任"。信任是连接我们和孩子之间最基本也是最重要的桥梁。一旦失去了信任，孩子和家长之间的沟通就会出现问题，即使勉强沟通，成效也甚微。特别是随着孩子年龄增长，他或她需要更多的是心理上的支持和安慰，信任在孩子与家长之间的作用就表现得更为突出。

　　进入初一后，因为我们家距离学校较远，孩子选择了住校，每周一送去学校，每周五下午接回家。孩子与我们相处的时间因此大大减少，与此同时，需要她独立应对的问题和事情也逐渐增多。考虑到孩子所处的年龄和这个年龄阶段的特点（即本身尽管并不完全具备独立思考和独立处理问题的能力，但内心又极力渴望"自我"并被成人世界认同），我们给予她充分的信任和自由思想的空间。凡是涉及她自身的事物处理，基本尊重她的意见，我们只提供建议（当然在一些大是大非、原则性问题的处理上，还是由我们主导）。基于这些信任，我们与孩子之间的距离不仅没有由于她住校变远，反而在心理距离上越来越近。她不仅愿意与我们一起分享学校里发生的各种逸闻趣事包括各种八卦，考试成绩无论好坏也都会第一时间告诉我们。正是得益于建立在信任基础之上的良好沟通，孩子顺利完成了初一的学习，不仅学有所成，同时在心理也逐渐成熟。其中，最令我们影响深刻的是，在初一下半学期，孩子的学习成绩一度从年级前几名跌落到年级二十多名。基于对孩子的了解，我们再次给予她充分的信任，相信她会处理好成绩下滑的问题。最终，在老师的帮助下，以及孩子与我们之间敞开心扉的沟通，她及时调整状态，期末不仅恢复了名次，也找回了自信。相信，这种波折和经历对于她的历练远远超过始终如一的坦途。

今后，我们会一如既往地给予她信任。

与学校教育一致形成合力

张煜珂家长

六年级是孩子们在小学阶段面对各项评优评先比较频繁的一年。由于"荣誉"在"小升初"所体现的重要作用,各位家长都非常重视,学生也有着不小的压力。我家孩儿有幸过关斩将参与了"北京市红领巾奖章"的评选。候选人两名,二选一。评选当天两位候选人在广播里读了自己的事迹,接着全校少先队员进行投票。由于我——张煜珂这个候选人的母亲是学校老师,很自然地离开教室去避嫌。

评选前按照以往我们常做思想工作的流程给孩子打好预防针,告诉她能参与评选的孩子一定都是非常优秀的,要听听别人的事迹取长补短、要重过程轻结果……这串套话不知说了多少遍,熟悉得很。

评选过后这件事似乎就过去了,我们只是平静地等待结果,谁都没再提起。三天后,早上快到第一节课上课时,学校广播突然响起,通知全体师生带好纸笔到操场集合。老师和学生都感到很诧异,在下楼的过程中,相互议论着。到了操场,900多名师生列队站好,操场上竖着两台摄像机,我心里已经预感到这是要做什么。无奈,谁让我是本校老师呢。

大队辅导员在台上介绍了上次评选情况,两位红领巾奖章候选人的票数完全相同,需要今天重新评选。两位候选人被请到了讲台上。这次没有自我介绍,只是让二人说了各自的名字。发选票,就在操场上填写,老师远离学生……我比任何时候都紧张,心里忐忑不安:"面对这阵势,这俩十一二岁的女娃毫无思想准备,她俩中的任何一个要是落选,都是不小的打击,能承受得了吗?这得有很强大的心理素质才行啊!这过程对孩子的心理承受力而言绝对是考验!"低年级学生中间传来"选票上哪个名字是张煜珂呀？"的询问，老师由于避嫌不能解释，这两个候选人的名字都有张，还挺像，哎，真巧。旁边老师开玩笑说："孩子的名字取复杂了吧……"

我无暇顾及这些，我的注意力都集中在台上那俩娃的身上，不一会儿收齐选票，监票组的老师们开始唱票，两个孩子居然手拉着手站在那儿听着。我不禁有些佩服她俩小小的年纪比我这成年人还淡定。结果出来了，我家娃败下阵来，票数相差不多。此时评选的结果对于我这个母亲来说真的并不重要，我在乎的是我的女儿是否能经历这次考验……只见我家娃亲切地和另一个候选人握了手，向老师道了谢，走回队伍。这时我的鼻子都酸酸的……

放学了，此时我不知该如何与孩子开口谈这个话题，我俩一直沉默着。但是我想一定要和孩子沟通，让孩子情绪得到释放，帮助她面对困难，也要在她面前明确我对这件事经过和结果的态度，尽快地帮她走出来，以免影响以后的学习和生活。快到家了，我开口了："孩子你今天表现得真棒！能在这种情况下处事不惊，大方不失风度，比我还强，我都没经历过，我真佩服你！"孩子说："其实我也挺紧张的，我对结果并不太在乎，可是妈你说有必要非得摆出这阵势吗？"我心里一动，多亏和孩子交流了，表面平静的孩子内心其实是有想法的，对学校教育方法的质疑会影响她，甚至可能令她在今后的学习生活中对学校对老师的教育方法产生疑问与抵触。我必须要让她理解学校的做法是对的、有道理的。家长的教育要和学校保持一致，这样对孩子的教育才能产生合力，孩子的内心才会平静接受，才不会纠结。

我心平气和地说："孩子，我觉得学校这是给了你们一个非常难得的锻炼机会，你要知道大凡有所成就的人都能面对挫折和打击，内心得强大才能获得成功呀！你看大型的竞选不都是这样吗？美国总统竞选还全世界直播呢！为了锻炼你们的心智，学校动用全校师生改变了今天的教学时间来完成这个选举过程，你说是不是对你们相当地重视？"

"有同学对我说因为你是老师，所以才会这样，第一次评选全校那么多学生怎么可能平票，哪有这么凑巧的事呢？""那你认为今天的评选公平吗？"我反问孩子。"公平。""是呀，只有这样做，如果当选的是你，结果才让大家更信服！学校也是为你充分着想呀。"我接着说，"孩子你认为你和她之间哪一点存在着差距呢？"我把谈话的重点从评选形式转移到竞争结果的实质上来。"她'学而思杯'的竞赛成绩比我强……""是呀，比你强的对手战胜你，输得不丢人，是不是？"接着我又把话题引向深远，"这次竞争也可谓是'高手'过招了，有竞争就会有失败，可贵的是要找到自己的差距，别说这次竞争是公平的，也许今后还可能遇到不公平的情况，你也得要正确面对，从中去汲取正能量啊。""妈，我懂了，你放心，我会正确面对的。"

后来的学校生活中，孩子一如既往地参加学校的各项活动，讲队课、发报纸、全校广播，干得兴高采烈，也正因为孩子有着满满的正能量、乐观的态度，对学校、班级工作的热情，换来后面小学阶段的市级三好学生等一项又一项的荣誉。

这件事后我很庆幸自己当时所采取的教育方法，与学校的教育站在了一边。孩子在学校学习的生活中，常常会对学校对老师的教育方法、教育行为不理解，甚至抵触。作为家长应该认真分析，站位更高些，不能只图一时的痛快，对学生的意见随波逐流，甚至与学校老师的教育相悖。短时间看似乎孩子没有吃亏，帮助孩子挽回了面子，孩子在具体的一件小事上没有受到伤害，但是孩子却轻视了学校老师的教育，认为家长也支持自己，在学校无所顾忌，把自己放在了与学校老师的对立面上，这不是更糟糕吗？孩子在学校时内心是忐忑的、纠结的，总认为学校、老师在和自己作对，这不是害了孩子吗？退一步说如果学校、老师在某些问题上存在着对孩子的误解，也没有关系，家长可以一边教育孩子帮他从正面的角度去分析，让他可以平和接受，另一方面可以通过正确的渠道与方式和老师沟通达成谅解。这也是训练孩子心智的好方法。其实孩子在今后的人生旅途中又将面对多少荆棘险滩，我们都能帮他们渡过，呵护他们不受到一点儿伤害吗？什么才是真正的伤害，家长应该明确，孩子的意志不坚定，面对问题只从自己的角度去考虑，狭隘、尖酸、刻薄、懦弱……这难道不是更大的伤害吗？我们做家长的就是在孩子遇到困难时帮他指条正确的路，引导孩子从极坏的事件中汲取正能量，树立乐观、向上的心智，及时疏导情绪，而不是让其纠结在事件中难以自拔。让孩子真正变得强大起来吧，因为早晚有一天他要独自飞翔……

爱和信任让孩子获得自信

乔向荃家长

回顾过去的一年，乔向荃同学在八中这样优秀的环境中顺利完成了由小学生到中学生的转变；我们家长也和孩子共同经历了小升初阶段的努力和喜悦、初为中学生的好奇与压力。我们家长深深体会到，在孩子迅速成长为一名有独立思想的年轻人的关键阶段，是爱和信任让孩子获得了自信。

在小升初的尾声，乔向荃过五关斩六将进入了心仪的名校八中初中部学习，我们家长非常高兴，为自己的孩子感到骄傲。在拿到入学通知书后，孩子每天都处于放松状态，忙于准备毕业典礼、填写毕业留言册等活动，家里也到处充满了轻松愉快的气氛。

让人意想不到的是，分班考试孩子没有发挥好，没有进入预想的实验班，这对孩子是一个很大的打击，他甚至对自己的能力产生了怀疑，认为自己在有些科目上没有天分。

八中的"家长学校"适时地为我们这些迷茫的家长点明了方向：进入初中之后，大量优秀的学生集中到了一起，如何正确对待，如何准确定位，最重要的是如何让孩子把握自己，不受外界干扰、沿着自己定下的目标坚定地走下去，是最最迫切摆在我们面前、需要解决的问题。

经过假期的努力，孩子的入学考试成绩有了很大进步，在所在班级名列前茅。我们和孩子都松了口气。

新学期里，孩子很喜欢数理化方面的课程，于是继续在外边报了两个班，占用了周二、周三两个晚上。为了能上自己喜欢的课外班，孩子可谓非常努力，抓紧一切时间在校内完成课内作业，有时写不完，回家要接着写到 11 点多。这样的情形一直持续到了期中考试之后，孩子的成绩仍没有达到预期目标。

此时，焦急的我们向班主任王老师还有几位任课老师了解孩子在校各方面的表现，得到的反馈是孩子上课非常认真，特别热心，积极参加班级的各项集体活动，作为班委，能够认真完成所负责的工作。但是，也有老师反映，有时上孩子在下午课上精神不是很好，看着好像没有休息好。

回家后，我们和孩子一起分析，认为是休息得太晚影响了上课。于是果断地停下了课外班，决定全力以赴抓好校内学习，每天听写语文字词，背诵英语，建立改错本，及时改正错误，每周末全面梳理一遍学校的各科笔记和重点内容。

尽管如此，我们心里还是觉得没底。班主任王老师劝我们不要着急，孩子学习的态度很好，只是有的孩子适应中学生活快一些，有些孩子适应中学生活慢一些，要给孩子多一些时间。王老师特别提醒我们家长，孩子成长得很快，要多尊重孩子的想法，支持孩子学习独立思考和决策。

数学魏老师也认为应该给孩子成长的空间，要允许孩子犯错误，更要认可孩子的点滴进步和付出的努力。当乔向荃答题很出色时，每一次魏老师都给予积极的回应，例如，"很棒！""有进步！"，还欢迎孩子随时有问题到她办公室里去答疑。孩子学习数学的兴趣越来越浓厚，期末考试取得了正卷满分，附加题 15 分的好成绩，三门主课成绩位居全班第二名。让我们感动的是，魏老师在孩子的数学卷上写道："孩子，你终于证明了你的实力。"

经此，孩子信心又足了，对数学等各科的学习也更有兴趣了。

回想刚刚过去的初一第一学期，我们家长认识到，是老师们的爱和信任让孩子获得自信，建立了学习的兴趣，不断前行，不断取得进步。与此同时，孩子也学会了体谅他人，学会了给他人改正错误的机会，学会了乐观地对待生活和挫折。

让我们学会给孩子空间，学会放手，学会信任，学会爱……

第三章

关键是这一年：家长们的经验

孩子们正处在青春期的中段，身体和心理发生巨大变化；另外，学习上越来越需要更多理性思维和完整的知识构架。面对这种巨大变化，家长要注意培养孩子的毅力和恒心，注意锻炼其承受挫折的能力，学会欣赏自己，并逐渐在人格培养上多下功夫。下面，我们来听听家长怎么说。

良好习惯对孩子成长的重要性

沈昕承家长

说到教育孩子，我很惭愧，因为我家的孩子各方面都不是很出色，更谈不上有什么特别好的教育方法。我的感悟是从小应该帮孩子养成良好的学习习惯，良好的习惯能推动一个人走向胜利的彼岸。下面，我就三个方面来谈谈我的体会吧。

培养孩子倾听的习惯

这点很重要，孩子学会了倾听，课上才能全神贯注地听老师讲课。孩子再聪明，课上不会听讲也无济于事。同事都很羡慕我，觉得我家孩子很聪明。不过说实话，我家孩子不是特聪明，而是会听讲，他的神经能时刻跟着老师的步伐前进，把老师课上讲的内容尽量吸收、消化并运用。这也是他的成绩一直还可以的一个重要原因。

培养孩子的读书习惯

俗话说得好，"读书破万卷，下笔如有神"。读书不仅能帮助孩子积累写作素材，更是提高一个人的修养、素质和能力的关键。不管是哪方面的书籍，只要健康有益的、孩子喜欢读，我就会满足他的愿望，给他创造机会和空间。上小学的时候，他只要写完作业，手里肯定会捧一本书，读得上瘾的时候就连上厕所也不放下。虽然我知道这个习惯不好，但是心里还是为他好读书而感到高兴。后来学习的时间紧张了，我就建议他有选择性地读一些名著之类的书籍。

培养孩子主动学习的习惯

孩子不把学习当成负担，被迫地学习，而是积极主动地去面对，是决定他能走多远的关键因素。我从不逼着孩子学习，无论是从小学习汉字还是其他别人认为比较枯燥的学习，我在学前就以游戏或者比赛的方式教他，其实在这学习的过程中更多的是让他掌握学习的方法，最终体会学习的乐趣，慢慢地他就不会把学习当成一项任务，而是一种体验，一种通过努力而取得成功的快乐体验。这样每每放学之后，他都能主动去学习，有时候还会时不时兴奋地告诉我："妈，我终于做出来了！"我知道那是他胜利之后的愉悦。

自从上了中学，孩子住宿了，脱离了我的监管范围。他学习的主动性我还是比较放心的，但觉得他读书的时间少了。这让我有些担忧，而且他们正值青春期，万一原来爱读书的好习惯都扔了可怎么办？但中考压力如此之大，也不能因此疏忽学业。我不得不和孩子郑重地聊聊，让他谈谈关于他的目标，关于他的定位，更重要的是关于他的学习。在学校学习是主要的，应该制定好每天的学习计划，什么时候写作业、挤出多长时间看书等等。另外还要给自己制定出锻炼身体的计划，这也是和学习同等重要的事情。光学习好，体质却很差，我觉得这是比学习差还糟糕的事情。所以，我要求孩子能制定出符合自己的每日计划，希望他能更好地发展。

妈妈决心做你的榜样

邓志鹏家长

转眼间，儿子就上初二了，儿子自立、自信、快乐、阳光、学习上积极向上。首先，我要感谢北小和八中的全体老师，是你们的辛勤教育，让志鹏成为一个品学兼优的好学生。说起家庭教育，我主张平等、快乐式教育，给孩子一个轻松、快乐的家庭环境，积极配合学校的工作，尽量与老师保持一致，家校紧密协作共同做好孩子的教育工作。下面就简单谈谈我的几点做法。

父母是孩子的表率，凡事要以身作则

有人说孩子爱学习是天生的，对此我不敢苟同。孩子爱不爱学习，学习好不好与家庭环境和父母的表率有很大关系的。常常有人问我：志鹏学习怎么这么认真自觉？志鹏学习怎么这么好？我微笑着说："因为他有一个爱学习的妈妈。"

记得志鹏两岁半时，我在一家私企做出纳。当时我 26 岁，我不太满足现状，给自己定下一个宏伟目标：做企业财务管理，做一名合格的上市公司财务总监！实现这个目标，对于中专财会学校毕业的我，难度好比登天。但为了改变自我现状，我给自己定下七年学习计划：三年取得人大自考本科学历，两年取得中级会计师职称，两年取得总会计师资格。在职学习的路程是很苦很累的，白天上班，晚上去上课，回家经常学习到夜里两三点，还有幼小的儿子缠着妈妈陪。好多时候，我都是一手抱着儿子坐在腿上，一手拿着笔在看书做题，常常一不留神儿子把我的书画得乱七八糟。周末幼小的儿子吵着要妈妈陪着去公园，要妈妈陪着和小朋友一起游玩，我总是说："鹏鹏乖，先听话安静些，妈妈要把今天的学习完成后陪你玩儿。"就这样，我起早贪黑，每次到考试前熬通宵，儿子从上幼儿园到上完小学二年级，他几乎成了我的陪读，他见证了妈妈为了克服学习的困难、实现目标的坚忍不拔、专心认真和锲而不舍，我用自己的行为影响教育了儿子，当然我也实现了我的宏伟目标，哈哈！

培养孩子独立学习，做事专注，讲究效率的好习惯

爱玩、爱动是孩子的天性，孩子的兴趣都很广泛，但又都缺乏耐心，注意力转移快，怎样培养他们做事专注呢？我要求儿子：做任何事都要专注，学得专心，玩得尽兴。在短时间内完成一定量的作业，既要快，又要正确率高。

记得志鹏上小学三年级时，在学校学习很求上进，完成作业好、快、准。可回到家总是一边玩一边做，为了监督他我还得陪着。为此我很苦恼头疼，明明两三个小时能完成的作业，他非得耗上一天的时间。我是不主张体罚孩子的，但好言劝说多次无效。某个周六上午，志鹏又故伎重演，趁我去客厅时，偷偷玩起了小车和玻璃滚珠，听见我的脚步声很慌张，歪歪斜斜地在作业本上画上几笔。我终于怒火冲天，决定给他个狠狠的惩罚，强制他改掉老毛病，养成一个在家学习做作业的好习惯。我冲上前去一把抓起小车和滚珠，疯狂地丢进了垃圾桶，随手拿起书桌上的小尺子狠狠地打了他的小手几下。从未见我如此严厉的儿子吓得撕心裂肺地大哭起来，我把心一横，对儿子厉声吼道："给我跪下，跪一个小时，想想妈妈为何要责罚你！"同时，我把闻声赶来、救孙心切的奶奶强行带离了儿子的小屋。最终，儿子主动来找我承认了错误，写了一份深刻的检讨书。自那以后，儿子在家学习变得很主动自觉了，

作业写得又快又好，周末我也有时间带他去玩了，真是一举两得啊。看来，该对孩子狠时就该狠啊！父母、长辈在教育孩子态度上一定要保持一致，决不能这个管那个哄。一个好的习惯，将会使孩子受益一生。看着儿子现在上初中以来学习、生活井井有条，我很欣慰。

尊重孩子，和孩子交心，做孩子的好朋友

青春期的孩子容易逆反、疏远家长，不让家长碰自己的手机、作业、书本、书包。儿子上初中了，可这些在儿子身上还未有什么体现，他还是和从前一样亲近喜欢妈妈，我们还是无话不谈的好朋友。儿子从小住校，因为聚少离多的缘故，我担心儿子大了不跟父母家人亲、有隔阂。从儿子上小学一年级起，我就和儿子约法三章：任何时候你的心里话都可以跟妈妈分享，妈妈一定会站在你的立场给出合理的建议，妈妈是你最亲密的好朋友；在家的每个晚上睡觉前一定要和妈妈躺在床上谈心半个小时左右；在学校每天要给妈妈打个电话，简单汇报学校情况。直到现在，无论我和儿子多么忙，这个约法三章在我们母子之间，仍然进行着，很管用的呦！

孩子的成长也是父母的成长

林清越家长

孩子的成长也是父母的成长过程

对于绝大多数的人来说，中学时代是一个人一生中变化最大最快的时期，孩子每天都在成长，身体在成长，思想也在成长，我们每天看到的孩子都是一个不同于昨天的新人。作为独生子女的父母，每天面临的也是不同的新题目，学习方面的头疼事一大堆：要不要上奥数班？考试没考好，是方法问题，还是不够用功？孩子大了，是住宿好，还是走读好？生活上的问题也是一大堆：多睡点儿懒觉是不是真的能长个儿？牙齿有些不整齐是不是要矫正？……

面对这些问题，我们没有任何经验，别人的经历也未必适合自己的孩子，所以，在孩子教育这个问题上，家长只能以学习的心态，和孩子一起成长。一是要以身作则，要求孩子做到的事，自己也要努力做到：要求孩子多读书，不玩电子游戏，自己也要少看电视多学习；要求孩子有礼貌，助人为乐，自己也要做到友善地对待周围的人；我们做不到的事情，就不强求孩子做到。二是多陪伴孩子。与孩子共同成长，不是简单地与孩子做朋友，而是共同面对成长中的各种烦恼和挑战，保持持续的沟通，了解孩子的情况，探讨孩子遇到的问题，倾听孩子的想法，共同寻找答案，逐步塑造孩子独立面对生活学习的勇气和信心，培养孩子自己解决问题的能力。

站在未来看今天

在应试教育的大环境下，我们看到八中这样的学校在努力践行素质教育，但这些努力不能屏蔽应试的强大力量，我们必须面对应试这个现实。

如何协调好应试的压力和孩子全面的成长，不仅仅是教育工作者要思考的问题，也是家长需要关注的问题。我们都希望孩子能全面发展，但是面对分数不理想、排名在下滑的现实，完全不在意是不可能的。这需要家长在分数面前有定力，考不好，孩子自己也很郁闷，家长就没必要再给压力了。考多少分不重要，重要的是要提醒、引导孩子分析没考好的原因。比如，林清越的数学成绩不是很理想，我们分析原因，没上过课外辅导班，也没有提前自学过，所以对基本概念的掌握和灵活运用相对不足，面对有一定难度的题时，没有一个清晰的思路。意识到了这一点，最近林清越在完成大部分暑假作业后，开始预习初二的内容。我们也不知道是不是成绩一定会提高，但是因此提高了学习的主动性，这就是进步。

未来始于当下。**站在未来看现在，良好的习惯和性格，是孩子一生幸福的基础。**孩子习惯、性格的培养是为孩子的一生做准备，是对孩子一生负责的教育关键。对孩子习惯、性格的培养要加倍用心，在微观层面上，我的观点是要重视小处，落在实处。比如，指导孩子有序地整理自己的房间，培养的是有条理处理事务的能力；及时洗涤自己的小件衣物，培养的是整洁、不拖沓的习惯；多参加社团活动，培养的是合作的精神；帮助孩子从多角度分析事情，培养的是开放创新的思维和独立思考的能力。

以上是个人粗浅感受。十年树木，百年树人。我们想，对孩子的教育不能拔苗助长、急功近利。关注孩子的成长，其实关注的是她二十年后是一个什么样的人，在工作中、在社会中是一个什么样的人，而不是三五年之后上一个什么样的重点中学、名牌大学，更不是期中期末考试成绩排名如何。从二十年后倒推，我们就知道今天什么对孩子的成长是最重要的。对于孩子的成长，借用伟人的话："风物长宜放眼量"，把眼界放开一点，向远处、大处看。一个做事认真踏实，做人诚实善良，性情阳光舒展的人，未来一定不会太差。

尊重教育规律，让孩子自然成长

李景星家长

说到对孩子的教育，每个做父母的都有一肚子话要说。虽然家庭情况不同，教育方式也各有千秋，但目的都是希望自己的孩子快快乐乐地健康成长。作为父母，我们究竟该怎样教育孩子？

学习态度比分数重要

分数固然重要，但是相比学习态度，我们会更重视孩子的学习态度。只要学习态度好，考试考多少分都不会怪孩子。考试，只要考出真实水平，就可以。不论考好考坏，都要好好总结经验，端正的学习态度和良好的学习习惯比分数更重要。阳光之下，快跑者未必先达，力战者未必能胜，要对自己有信心，不必事事胜人。

家庭环境很重要，自己要做孩子的楷模

我和孩子的父亲工作比较忙，平时很少能和他有很多的言语交流。因此，我们特别注意以身作则，希望能以"润物细无声"的方式让他感受到我们对他的教育。比如我们在家时基本不看电视，有时间就在阅读或是学习新业务。

有一次我们大家都在安静看书，只有他一个人咔哒咔哒地点着鼠标玩电脑，不一会儿，他也发现了自己的干扰与不合群，便马上去学习了。

尽量放手，培养孩子的自立能力

家长要在可控的范围下尽量放手，不影响到自己安危、不影响到他人利益，就不要对孩子的行为举止干涉太多。父母不可能照顾孩子一辈子，要把舞台适时地让给孩子，让他们发挥。孩子需要在一次次的实践、思考中不断长大、独立，然后超越父母。孩子是社会的孩子，不要把自己当成孩子的救世主。

前一段时间我比较忙，不能帮孩子听写，前几次他听写经常低于90分，尝到苦头后他便开始自己总结方法。我回到家时经常能看见他在自己抄拼音，然后看拼音写词，自己判，这对他的能力就有了不小的提升。

扶持孩子的自信，呵护孩子的自尊

对孩子的优点要多鼓励，得到肯定的那些优点，孩子一定会继续坚持；当孩子犯错误的时候，就事论事地分析，不啰唆、不翻旧账，改正就好。不要把负面情绪过分强调和延伸。越是鼓励和表扬，孩子就越会按照父母描述的那样优秀的样子去校准自己的言行。

不要轻易养成坏习惯

纠正坏习惯的时间会两三倍于养成好习惯的时间。我的儿子最大的毛病就是字迹脏乱差，他小时候写字就毛毛躁躁的，但我们并没有关心这个问题，现在怎么扳都改不了他这个坏毛病。在大考试中因为卷面吃亏后他会收敛一段时间，可很快又会反弹。现在他都没有改的决心了，可想而知一个坏习惯对孩子的影响。

给孩子选择的权利

在望子成才的强烈愿望作用下，父母常常以完美的标准急切要求孩子，而忽略和违背孩子逐步成长的规律。父母往往根据成人经验提出要求，并希望孩子马上做到。可是我们忘了，孩子的特定年龄决定了他的心智水平和成人是不同的，其已有的知识、经验不能一下子就理解得了父母的良苦用心，更不是一下子就能被父母的意识所同化的。要与父母产生共识，孩子得有一个认知体验过程。而在父母的严格要求和急切催促下，孩子不能一下子达成这个目标，也不能将这种被逼迫的感觉找出来、说出来，势必情绪焦躁甚至冲动，以致采取让父母伤心的行为来反抗。

在孩子钢琴弹到七级后，他的学业负担越来越重，弹琴的时间也一次次被压缩，每天的练习也使他的兴趣逐渐流失，这时我们却一直在催促他："你还想弹吗？不弹算了。"每次他都回答"想"。直到有一次他生气地说："你们一直用各种理由逼迫我弹琴，你们一直说不弹算了，那我就不弹了！"我们也明白了这是父母以完美的标准要求孩子，却忽略孩子成长的客观规律造成的结果。

现在，孩子的课外时间大多由他自己决定，课外班也是根据他的兴趣报的。比如之前孩子一直希望我们报的物理班，起初我不同意，但是后来他每天回家后就会看一点物理的内容，很快就把一整本书做完了。因为他的这个决心，我们答应了他。虽然这会占用他的课余时间，但这是孩子的选择，我相信他不会后悔，我们也不会再去干涉。

这就是我的小小育儿经，希望这篇文章能为家长们提供一些帮助，也祝愿孩子们在未来的学习生活中能够茁壮成长。

培养孩子的优秀品质至关重要

刘霄家长

我们始终认为，在人生道路上，一个人能走多高、多远，起决定作用的是人的品质。因此，我们在培养孩子的过程中，始终把品质培养放在首位，而培养优秀品质必须先树立正确的价值观和人生观。

从对孩子的教育初始，我们就特别注重培养孩子正确的价值观。三岁以前，在给孩子讲故事、读诗词、读国学的过程中，我们都要把其中的意思讲给孩子听，让孩子从小就区分善、恶、美、丑，什么是我们应该做的、什么是不应该做的，这样渐渐地在孩子的心里就有了一定的是非标准。在公共场合遇到善、美的事情和行为，我们就赞扬并鼓励孩子向人家学习，遇到恶、丑的事情我们就谴责并告诉孩子这样做为什么不好。

有一次，在一个下雨天，我们一家人走到一个十字路口的时候，看到一个骑电动摩托车、年龄大约50多岁的男子被一辆出租车撞倒在地，他的腿还被摩托压着，整个人泡在路边的雨水里，没法爬起来，出租车司机却在车里始终没有下来。尽管当时经常发生救死扶伤反被讹的事情，但我没有丝毫犹豫跑了过去，把摩托车挪开，在征求了那名伤者意见的情况下，把他扶到了路边坐下来，在问清他没有骨折等大碍后才离开。我想，这样的情景孩子一定会看在眼里、记在心上，这样的场景不需要太多的语言教育。

在人生观的培养方面，我们主要是教育孩子要有远大的理想抱负，志向高远，主要以一些伟人、名人的事迹来进行教育。

我们也经常鼓励孩子积极参加社会公益活动，尤其是帮助贫困、残疾儿童方面，以此培养他的爱心和社会责任心。

在有了正确的价值观和人生观的基础上，孩子的品质就会自然形成，学习就会主动，行为就能自律，待人就能真诚，遇事就能宽容，意志也会坚强。

我们并不赞成孩子把家长作为榜样，而是要以模范作为榜样，超越家长，超越模范。家长好多方面做得不一定好，如果要求孩子做到的必须家长先做到的话，恐怕孩子就不会有太大的进步了，也谈不上志向高远了。家长做得不好的，孩子可以批评，家长也要虚心接受批评并尽量改正。这就需要在当好家长这个角色的同时，当好孩子的朋友。千万不能让孩子有"别人做不好，所以就不能要求我做好"的想法，一定要让孩子有自己的目标，而这个目标不要以别人为参照系，要奔着这个目标不断努力。每当孩子批评我或者说出我的不足时，我都会不失时机地自嘲几句："就是因为我小时候没有好好学，所以这方面一直就做得不好，现在快 50 了还进步不大，你可千万别学我。"

总之，优秀品质的形成离不开价值观、人生观的培养，不要总拿身边的人做榜样，要有超越意识。优秀的品质将会使孩子充满正能量，在孩子人生道路上给予他源源不断的动力，为他指明正确的方向，使他走得更高、更远、更有意义。

十年树木　百年树人

——教育女儿的心得体会

刘心田家长

俗话说，十年树木，百年树人。教育孩子不是一朝一夕的事，需要家长极大的耐心。下面就女儿成长中的二三事，谈谈教育孩子的心得体会，与大家分享。

身教重于言教。家长是孩子的第一任老师，家长的一言一行无形中都会影响孩子。孩子的姥姥、姥爷和我们同住。平时家里有什么好吃的，我们夫妻总是让老人先吃。孩子也自然养成尊老的习惯，小时候是让着姥姥、姥爷，现在是主动让我们。我们问她为什么？她满脸不解：你们不是一直都这样做吗？接着又调皮道，孔融四岁就知道让梨，我现在都快十二了，这点道理还是懂的。

态度决定成败。孩子小时候学东西总是浅尝辄止，缺乏耐心。我们跟她讲小猴子下山的故事，她当时只关注小猴子一无所获的故事情节了，根本不理解其中的道理，总是当时点头，后面仍然我行我素。大约小学三四年级时，她有一天突然问我们，许多小朋友都有这样那样的兴趣爱好或特长，为什么她没有？我们就让她回忆曾经学过的古筝、舞蹈、硬笔书法等，都是半途而废，问她为什么会这样？她若有所思，过了半天，总结道：态度不认真，不能坚持。从此以后，女儿自己要求学习的项目都能坚持下来。现在，她也有自己的"特长"了：游泳不仅速度快，姿势也舒展流畅；半途而废的轮滑和硬笔书法也重新拾起。这个暑假自己决定报跆拳道和吉他，一动一静，都是功夫，练习都很辛苦。我们跟她说，跆拳道运动量太大，就不要练了。女儿头一扬：有志者，事竟成。

视界决定世界。如果说初中之前家长的任务是培养孩子良好的生活习惯和学习习惯，那么初中之后的任务重心就要转到培养孩子良好的思维习惯上来。除了督促孩子"读万卷书"，我们还坚持让孩子"行万里路"，开拓孩子的视野，将书本知识融入到实践中。开拓孩子视野的活动主要有三类：一是每年带孩子到外地旅游一到两次；二是每周末，只要有空，就到北京各个自然、人文景点玩儿；三是鼓励孩子多参加集体活动，主动与人交往。参加完这些活动，孩子自然会带回家许多问题，我们再和孩子一起讨论。这样孩子的知识面越来越宽，视野也越来越开阔。

教育孩子的过程也是家长的第二次成长，不仅包括知识，也包括心智。可以说，教育孩子是"痛并快乐着"，我们在和孩子共担成长的烦恼时，也和她共享成长的快乐。

与孩子最好的沟通方法就是平等交流

杜婧宜家长

不知不觉中，孩子已经成为一名中学生了。回顾孩子的成长经历，心中真是感慨万千。其中，有过幸福，也有过徘徊；有过和孩子的亲密，也有过相互间的些许摩擦。但总的来说，在和孩子相处的过程中，还是幸福大于苦恼，亲密多于摩擦。这种感受，我总结还是在于家长必须多和孩子沟通，及时帮助孩子渡过一个个成长中的"难关"，而顺利沟通的关键在于掌握好方法和技巧。我认为，只要能够做到多交流、多谈心、多坦诚交换看法，家长和孩子之间就可以保持沟通顺畅。

曾经听一些家长朋友说过，现在孩子大了，没法和孩子沟通了，家长说什么孩子也不听，甚至和家长顶着干。联系起自己孩子的成长经历，我感觉作为父亲，目前和女儿之间的沟通渠道还是畅通的，也没有出现那些朋友所遇到的情况。当然，没有出现并不等于不会出现。因此，我想，在这个问题上，家长必须未雨绸缪、高度重视起来，及时总结过去一些好的沟通方法，并根据孩子的年龄层次和心理特征，做一些适当的调整和应对。

其实，有这样的认识，也有一个过程。回顾起来，我发现随着孩子渐渐长大和学到新知识后，她已经明显有了自己的主张和看法，许多事情再用命令式的口吻向她发号施令已经行不通了。可能她表面上会答应你，可是执行起来却老大不情愿，效果大打折扣，甚至是"出工不出力"。于是，我渐渐地意识到，应该把她当一个"大人"来对待了，做什么事尽量和她商量着来。不论是学习，还是生活，凡是要求她努力去做的事情，最好通过和她交流，解开她思想上的疙瘩后，让她愉快地接受。这样，才能起到良好的效果。

当孩子升入小学高年级后，这种倾向越来越强烈。于是，我就注意加强与她进行沟通和对话。采用的方法最多的就是谈心，用言语进行交流。在交流中，向她传输做人的道理、教给她人生哲理、告诉她行为准则和生活学习中的注意事项。在交流中，注意向她灌输正能量，以免她失去对生活和学习的自信与希望。

当然，这些交流比较零散，可能会随着时间的流逝而被孩子遗忘。于是，我就注意观察孩子一段时间以来的言行举止，只要在她身上反复出现一些问题和状况，我就会多次向她进行提醒或明确告知，以引起她的重视和改正。对一些重要问题，受语言、环境的影响，可能交流起来会有一些困难，这时候，我就采取写长信的方式与她沟通。比如，在孩子五年级上学期时，当我参加完她的家长会后，我觉得有一些重要问题要向她说明和阐述后，我就给她写了一封长信，向她阐述了我对她的希望和要求。孩子收到信后，十分兴奋，并将信好好收藏起来了。这事也就过去了。没想到，当孩子小学毕业时，她把信拿出来，又让我看了一遍，并对我说："爸，这是你写给我的信，谢谢爸爸。"听完后，我心中充满了激动。

青春期的孩子容易叛逆，这已是不争的事实。如何加强教育，帮助她们顺利度过，一方面靠学校的教育，另一方面在家长的适当引导。每一个家长都必须重视这一时期对孩子的引导和教育，对我来说，需要做的就是：一是加强对相关知识的学习，要阅读一些书籍，了解这一时期孩子们的心理、生理特点，帮助自己掌握正确的教育方法，以便和孩子沟通起来，做到心中有数，不能打无准备之战。二是经常和班主任老师进行沟通，及时掌握孩子在学校的情况，共同分析研究问题，及时针对孩子出现的情况进行适当引导。三是继续采取一些行之有效的方法加强与孩子的交流。比如，为给孩子"留面子"，帮助她改正自己身上的毛病，或是帮助她正确认识"性"这个问题，我会采取较开明的做法，主动推荐她看一些书籍或是告诉她一些浅显的知识。如果实在无法启口，则采用写信的方式与她进行交谈。

我想，没有什么事情是不能够沟通交流的。只要我们家长和孩子之间相互信任、相互尊重、相互理解，彼此加强交流，我们就能建立起和谐的亲子关系，任何难题也就可以迎刃而解。

关于参加家长学校培训的几点体会

刘芃荟家长

我是刘芃荟的家长，孩子从小学升入初中，是她人生中一个重要阶段的开端，我们在关心孩子的吃穿和身体健康的同时，更重要的是引导孩子树立正确的人生观、价值观，在搞好孩子生活、学习的同时，要不断提高自身的能力，与孩子一起成长提高，通过学校、家庭、社会三位一体的培养教育，让孩子将来成为社会有用之人。现就孩子成长以来的几点感受与大家分享。

一是家校互动是孩子健康成长的前提。当前每个家庭基本都是一个孩子，且很多都是因工作来到北京，大多没有亲戚朋友，家长了解孩子的渠道少。所以家长和老师的沟通就显得尤其重要。比如说，在孩子上小学六年级的时候，有段时间回家以后，闷闷不乐。问她也不说，经过耐心沟通，孩子最终说出了跟班里两个孩子产生了一些矛盾，我们了解以后很着急，又焦虑，担心在学校会不会影响孩子上课……

后来我就找到了班主任老师，把情况跟老师一五一十叙述了，老师了解情况后，积极找同学谈心，旁敲侧击耐心解决，最后孩子们又是好朋友了。家校互动这样一个沟通的平台和桥梁，把家长和学校、老师有效地结合起来，通过积极、充分的沟通，为学生创造一个良好的学习环境，使学生健康全面发展。

二是培养良好的学习习惯是孩子健康成长的核心。学习兴趣是学生学习最主要的动力，或者说是唯一、根本的动力。习惯是人的思维定式，是一种潜移默化的力量。对于学习兴趣与习惯的培养，学校在这方面的培训也比较多，我也从中学到了很多方法。例如，跟孩子共同学习，每次买书我们都会一起去书店精心挑选，买回新书后，我会跟孩子穿插看，然后再交流思想和感受，这样从很大程度上提高了孩子的阅读兴趣。另外我们还从孩子的书写习惯、做作业的习惯以及生活习惯等方面着手，从一些不经意的小事中培养孩子形成良好的习惯，使孩子能够保持健康向上的心态，快乐成长、快乐学习。

三是正确实施表扬和批评是孩子健康成长的重要方面。现在的家长对孩子大多比较溺爱，多数家长都觉得自己的孩子什么都好，做什么都是对的，受不得半点委屈。对于老师的批评有时不能正确看待。其实，老师批评孩子，正说明老师关注自己的孩子。如果我们家长、老师保持意见一致，更有利于孩子改正缺点；另外，我们也应看到孩子的优点，对孩子所取得的哪怕是一点点的进步，也要给予肯定，以使孩子建立起自信。同时，家长与老师应淡化成绩，注重孩子的综合素质、各方面学习能力的培养。

四是经常换位思考是孩子健康成长的关键。每个孩子都是独立的个体，他们也有自己的想法与看法。对孩子的正当要求，家长应站在她的角度去分析利弊，积极进行引导而不是训斥。记得在小学二年级的时候，每个周末我们都给孩子报了各种课外班，六日两天都有，孩子基本没有玩儿的时间，开始的时候只是有点儿怨言，我们没理会，又过了两周孩子急了，跟我们哭着说："你们就知道给报班，看别的小朋友都能出去玩儿，而我却不能，你们知道我有多累吗？"我们一下子意识到了，学习不是这样学的，我们没站在孩子的角度去考虑，没考虑她这个年龄阶段正是和小伙伴开心相处的阶段，后来决定把课外班暂停，腾出时间带孩子郊游，反而孩子一放松，学起来效率更高了。同时，要正确评估孩子自身素质和能力水平，设定的目标要切实可行，不能过高但也不能太低，不要把自己的意志强加于孩子，导致事与愿违，希望超期失望更大。

总之，孩子的健康成长学校、家庭、社会都承担相应的责任，希望学校能继续提供家校互动平台，在老师辛勤的付出下，在家、校的共同努力下，相信会为孩子创造一个良好的学习环境。同时，也借这个机会谢谢北京八中给了我们一个学习且自我评估、自我完善的机会，与孩子共同成长。

教育孩子心得体会： 沟通永远是最重要的

马乐途家长

孩子的首席教养者、第一位教师，就是母亲和父亲。

知识之丰富与否，思想之发展与否，良好习惯之养成与否，家庭教育实应负完全的责任。

——陈鹤琴

孩子是否具有良好的品质，优秀的学习能力，与家长的教育和家庭氛围有很大的关系。

我在教育孩子方面，属于摸索的阶段，平时主要是靠和同事、同学的交流，也上网看看有关孩子教育方面的文章，也读了卢勤的一些书。总的来说，是朝养成孩子自己动手、自己解决问题的方向发展。马乐途由他姥姥带至三岁，才由我们接过来自己带，开始时比较生分，有些话不愿意跟我们说，特别是小学低年级的时候。因为是老人带孩子，和别的小孩接触比较少，他不知道怎么和其他孩子相处，因此小学低年级他比较内向、胆怯，和同学容易起矛盾，有好多委屈没跟父母讲。我们旁敲侧击，也偶尔从他的同学口中听到一些旧事，感觉愧对孩子，后来就慢慢引导他，讲解与人相处的方法、学会帮助别人、自己的事情自己解决，也带他和别的孩子一起玩儿。补上这一课，到高年级的时候，他性格就比较开朗了。六年级的时候，他经常和同学一起去骑车，去水魔方、水立方等，我们只负责送到地方，晚上再接回来就可以了。孩子和我们的关系也是越来越密切，有些私密的话也能跟我们说，这是我感到欣喜的地方。在学习方面，他母亲主要给他辅导语文，读一些故事书，讲解语文方面的知识；我主要负责数学和英语。孩子的作文写得很不错，曾经获得第十三届春蕾杯作文大奖赛二等奖。英语我们抓得也比较紧，从小就报了课外学习班，但主要以口语为主，因此到五年级他的三一口语过了6阶，后来又加强了单词和语法，学得也不错，主要原因我看是他对语言有天赋，有兴趣，因此我们也一直没有中断对英语的培养。数学方面的学习有些曲折，刚开始也跟许多家长一样，给孩子报了奥数学习班，但是发现学得不是很好，因此也就没有再报班。低年级数学是他的弱项，我教他也感到很吃力，可能是他年龄小，理解力有限，曾经我一度认为数学就是他的弱项，但我还是坚持给他讲解，每一步都讲清楚，主要还是教育他自己多想、多思考。后来，在小学高年级的时候，他好像突然开窍了，数学成绩慢慢就赶上来了，许多数学题有时他能做出来，我反而迷惑了，这也是我很欣慰的一点。

对于亲子沟通这方面，我觉得就是要和孩子多交流，跟他一起玩儿，逛公园，参加书画展、书法展，游览798艺术馆，一起拼模型，一起游泳，一起旅游，一起打球。我们给他报了乒乓球学习班，陪他去练球、捡球。还报了游泳学习班，一起学会了蛙泳和仰泳。他考了游泳深水证，后来就可以不用大人陪，直接约几个同学去游泳了。对他这样的成长，我们感到很高兴。由于我们彼此关系融洽，孩子有些心里话也会和我们透露，比如班级里的一些有趣的事，今天老师表扬谁了、批评谁了，连自己喜欢某个女孩子、哪个女孩子喜欢自己，都会告诉我。

我们还注重增长孩子的见识，带他去旅游，去年去了香港、澳门，今年去了成都，参观杜甫草堂、都江堰、峨眉山等地方，旅游也是增进亲子感情的好机会。

有什么样的父母，就会有什么样的孩子，孩子就是父母的一面镜子，所以我们也很注重自身的修养问题，主要就是努力克服一些固有的习惯。孩子学习的时候，我们也看书或工作；注重个人卫生，不抽烟、不喝酒；尽量说话算数；孝敬父母；按时办既定的事；等等。

尽管我们很注意和孩子相处的方式，但还是有些事情没有做到，特别是他母亲，喜欢包揽孩子的一些自己能干的事情，例如收拾书包、热牛奶、蒸鸡蛋、洗袜子等。我们以后要逐步放开，让他自己操心自己的事，自己做力所能及的事情。

孩子还有一个缺点，就是还没有形成良好的学习习惯。上课时，老师稍不留神，他就会有小动作。还有一个就是玩游戏，我们发现他的玩心比较大，特别是电子游戏、手机游戏。我们得提前进入戒备状态，适当引导他，目前我们是规定时间，而且是完成当天作业的情况下，可以玩半小时左右的游戏，完全不让玩儿好像不现实。

我曾经尝试过报各种学习班，看他是否有兴趣，当成一个爱好也行，但是最后发现他没有特别感兴趣的。由于我自己条件所限，从小没有接触音乐，所以没有对他进行音乐方面的培养。但他最近热衷于唱歌，还想参加学校的合唱团。希望他能在初中圆这个梦。

总之，教育孩子的路还很长，希望在这过程中能和老师一起帮助孩子度过美好的初中生活，谢谢老师。

我家有女初长成： 谈女孩的教育

汪艾家长

要孩子是为了什么？传宗接代？养儿防老？一个特别感动的答案是：为了参与一个生命的成长，参与意味着付出与欣赏。只要能陪孩子走过人生的一段路，让他健康快乐就足矣。这就是做父母的意义！

让女儿有颗感恩的心。女儿十二岁的那一天，早上一睁眼，就懒懒地说："妈妈，今天是我十二岁生日，您要送我什么礼物啊？"我没有任何表情地说："看人家朱军过生日，还要先给他妈磕个头，再吃生日面条呢，你也先给我磕个头，再谈生日礼物吧！"她没有回答我的问题，急匆匆起床上学去了。晚上她和同学吃完饭回到家，进门

举着一束鲜花。我看到心里不高兴了，孩子们这么小，过生日怎么就有人送花啦？但我没说话。"妈，给！您不老说，孩儿的生日，娘的苦日嘛，这是送您的。"我眼里的泪水一下子涌了出来，这是一束不太大的康乃馨，不同品种，不同花色。"我去了花店，每种康乃馨都挑了一枝，您喜欢吧？"我点着头，擦干眼角的泪水，跟孩子拥抱着说："生日快乐！"

让女儿成为多面手。优秀女性的能力都是从小培养起来的。我小时候经常和妈妈一起做饭，所以不由自主地也经常带着孩子做饭，让她帮忙打下手。记得女儿上小学二年级的时候，有一天我准备晚饭，和好了面，拌好了馅，正准备包饺子。突然，手机响了，单位有点急事需要处理。我放下手里的活儿，跟孩子说，"写完作业，可以帮妈妈包饺子啊！"我想，过去每次包饺子，她都高兴地弄这弄那，今天我不在家，她肯定愿意自己做，弄得不好也没人会说她的。晚上6点多我从办公室回来，进门发现孩子爸爸在沙发上坐着，女儿一人在厨房正不亦乐乎地干着。她系着围裙，盖帘上的饺子摆成了一个大笑脸，手上和围裙上全是面粉，连脸上都有，一看我回来，高兴地说："妈，看我包得怎么样，老爸说要一起弄，我没让，让他先休息会儿。"看着她那可爱的小样儿，我兴奋地说："真是好孩子，今天的饺子包得特别好看！我拿手机得拍张照片，然后放到网上去。好啦，下面的活儿我来干，你可以去玩儿啦！"看着她乐呵呵地走出厨房，我真的觉得生个女儿太幸福了，孩子的潜力也大有可挖，才七岁的孩子就会包饺子做饭，长大了上得了厅堂先不说，肯定能下得了厨房啊！我自己很欣慰，为此兴奋了好长时间。忘了说了，那张用饺子摆成的笑脸的照片，到现在我还一直用做微信的头像，逢人问起，便骄傲地自夸，"这是女儿七岁时包的饺子，然后她自己摆成的造型"。听到这个故事的人没有不竖大拇指的。当妈妈的，没有不愿意听别人夸奖自己孩子的，当时我那

幸福的笑脸和孩子摆放饺子的笑脸一模一样！

经常听朋友们说，生孩儿容易，养孩儿难，吃喝容易，教育难！现在琢磨起这句话，说得真是太到位了。老子在《道德经》中说："合抱之木，生于毫末，九层之台，起于累土，千里之行，始于足下。"一个孩子从小到大，心智与情智都要经历一个成长过程，这包括家庭生活、文化课程学习、社会活动等。作为家长，教育孩子就是从一点一滴做起，给孩子树立一个榜样。十年树木，百年树人，相信经过自己的辛勤劳动，一定会培养出身心健康、全面发展的栋梁之材。

因势利导　循循善诱　功到自然成

——管理孩子学习心得

朱佳怡家长

　　孩子的学习是每个家长关心的头等大事，也是从手足无措到应付自如的过程，这既需要家长的因势利导，也需要孩子的习惯养成，既是艰辛难熬的经历，也有收获成就的欣喜。我认为对孩子良好学习习惯和态度的培养，需要处理好以下关系：

因势利导

　　由于孩子对知识的渴望与家长急于求成之间有矛盾，家长往往在孩子学习初期阶段，存在不同程度的急躁心理，总是认为简单的知识孩子应当很容易理解，其实结果不尽如人意，甚至事与愿违，事倍功半。究其原因是孩子尚处在较为懵懂的阶段，对事物和知识的认识比较肤浅，体会不到其中的真谛，这恰恰需要家长的正确引导。我采取的方法是避免说教，恰当引导。比如：陪孩子游玩或去公园时，对一些植物的生长和形态与孩子进行交流，让孩子参与其中的讨论，发表自己的见解，正确的观点予以肯定，偏颇的看法予以纠正，并让孩子在有关书籍中寻找答案进行佐证，这样，就培养孩子爱看书的习惯，又增加了孩子的知识面，久而久之，孩子爱看书的习惯就自然而然地养成了。

循循善诱

有道是：开卷有益，但事情也要一分为二，讲究受众对象。有些书籍中的世界观和价值观未必适合孩子，而孩子又没有正确的分辨能力。这就要求家长要逐步诱导，从自己平时阅读的书籍中，有选择地向孩子推荐。比如孩子喜欢观看京剧表演，观后及时向孩子介绍老舍《茶馆》；带孩子参观鲁迅故居后，就给孩子推荐《朝花夕拾》《阿 Q 正传》等等。通过这样的循循善诱，会帮孩子养成读名著、读健康书籍的爱好。

功到自然成

读什么书，长什么知识；什么样的行动，决定什么成果！从小开始，就在读健康书上下功夫，逐步培养孩子正确的价值观和人生观——懂得感恩，善于关爱，乐于助人。这方面有真实的案例予以佐证：我家孩子经常参加社区组织关爱孤寡老人的活动，帮助行动不便的老人打扫卫生，还给老人喂饭。她的事迹被西城区精神文明办拍成大幅照片印刷在西城精神文明海报上广为宣传。通过家长和孩子的不懈努力，现在孩子的学习自觉性增强了，学习态度端正了，正确的学习方法养成了，分辨是非的能力提高了，关爱助人的意识提升了。这就是功夫在平时，结果自然成的具体体现。

育儿如修行

崔静涵家长

弹指一挥间，回想孩子从出生至今十几年一路走来，心中滋味万千。相信每一个家庭所经历的艰辛、欢喜、纠结、无助，以及个中酸甜苦辣，都历历在目。在教育这条路上，作为家长的我们，其实也是初出茅庐，需要伴随着孩子一路成长，一路摸索，一路实践……实践是检验真理的唯一标准，是的！教育孩子的问题上，没有实践，就没有心得。

我以为，现今的家庭，大多独生子女，家庭教育理念虽不尽相同，但无论是功利的、清新的、文艺的，简单说来，都是为了让孩子长大成人有出息！我们这代人的父母经历上山下乡、三年自然灾害、改革浪潮等等，先解决温饱奔小康呢，教育子女自然不那么精细。到我们这代人教育孩子，不得不说，在当今这个浮躁的年代，各种功利的做法层出不穷。信息化的时代，带给我们前所未有的挑战。没有任何一代父母像我们这代人一样需要学习，需要更新儿童心理发展等多方面的知识，并把这些知识运用到孩子的教育中。责任更是任重道远。培养健康健全的人格，养成终身受益的优质习惯，是我们家教育孩子的终极目标。

其实说起来容易，但做起来很难，难在细节，难在在家庭琐事中仍保持一份清醒，难在无时无刻不去修正孩子的成长道路，而且顺其自然不被抵触。这是一项烦琐的工程，甚至是做父母一生的工程。没人希望失败，但总会分出成败，很残酷，很现实。女儿自幼学习音乐，在这条道路上，我们彷徨过，斗争过，迷失过，回归过，坚持过。日积月累的练习，其实就是告诉她一个最简单的道理，凡事都要坚持。练习的过程真是枯燥的，刚开始学习音乐的时候，见到的都是陌生音符或谱子，一遍不会，两遍练不好，三遍还不行，畏难急躁情绪马上呈现。每到这个时候，作为家长的我们，既要充当消防员，又要充当谈判专家，几个来回之后，她已经学会了方法，即使再难再陌生的谱子，都是按照老师教的并经她改良过的方法自学了。音乐带给她的不仅是听觉上的盛宴，还有心灵上的净化、人格上的磨炼，其练习的过程更是修炼，现在她已经开始享受这份过程带来的乐趣了。

智商与情商共同发展是通往成功的必备要素。一个人的成功，智商、情商二者缺一不可，它们对一个人自身素质的高低起到至关重要的作用。每个人的经历决定了他的眼界和高度，这也必然影响下一代的性格和发展。人的一生很漫长，我们不能把眼光仅仅停留在某一次考试、某一件事情、某一两年，而是应该着眼于长远，放眼于未来，胸怀大志！每个孩子都有独立的个性，找到适合自己的才是最重要的。横向纵向的比较必不可少，但适度对比尤为重要。每个孩子的潜力无限，如何引导挖掘并将其发挥至极致，是值得我们做家长的深思熟虑的，要知道潜能才是他们自主成长的种子和巨大的原动力！希望不等于强压，教育不等于说教，给孩子空间让他们自由发展，我们则亦长，亦师，亦友，相信每一棵树苗终会长成参天大树！

坚持不懈——促进孩子进步的好习惯

何天笑家长

人一生中会遇到很多很多的问题,无论是在生活中还是在学习上。我时常教育孩子,认准一件事后就要尽全力去努力,只要有恒心,能坚持,那么一切困难都会迎刃而解。但对于孩子而言,当学业任务太多、困难太大时,就容易望而生畏,产生对抗情绪或者干脆就放弃了。这时,借助学校老师的帮助,将任务分解设定成一个个小目标,给孩子一点鼓励,孩子就乐于接受了。

记得,孩子上小学四年级时,学习负担一下增添了不少,他每天做完学校作业、课外班作业后,还要再练 1 小时钢琴、1 小时二胡,就比较晚了,基本没有看电视、玩游戏的时间。刚开始他还能坚持,可时间一长,难免有些厌倦,就提出不想接着练二胡了。当时,看着孩子无精打采的样子,我也有些心疼,就不再坚持,给老师发了短信。当天乐团的吴老师就给我打了电话,让我转告孩子,一定要坚持练下去,寒假时乐团要到国家大剧院演出,如果练好了,就能参加演出。我将老师的话告诉了孩子,一听能到国家大剧院演出,孩子的眼睛一下亮了起来,我趁热打铁,说道:"妈妈知道你很累,但不付出哪能有收获呀。现在快期中考试了,咱每天就练半小时钢琴、半小时二胡,你看能继续坚持吗?"孩子痛快地点了点头。接下来的时间里,每天晚上不用我再催促,孩子都能自觉地练琴,往往一练还超过半小时。终于,寒假时他如愿以偿地参加了国家大剧院的演出。

之后,老师又给孩子们新的鼓励,说乐团还会有很多演出,暑假还要带着他们去日本交流演出。在老师的鼓励下,孩子劲头更足了,更加认真地进行练习。

可当老师开始教孩子练习十级的曲目时，难度很大，孩子又有了一丝退缩，这时，我鼓励孩子说："你只要练好这首曲子，就能去参加全区艺术节比赛了。"有了这个新目标，孩子咬牙坚持练了下去，顺利地参加了西城区中小学生艺术节二胡比赛，并获得了优异的成绩。

天笑在学琴的路上每一次有质的飞跃，都是在学校帮助搭建的一个个目标下、在老师的鼓励下，克服困难不懈努力的结果。当然，明白遇到困难再坚持一下的道理，与真正能做到还差得很远，这也是孩子成长的过程吧，期望他能在老师、家长的陪伴下，逐步养成"坚持不懈"这一好习惯。

简述教育孩子的经验——兴趣篇

高菁晶家长

我家女儿活泼可爱，性格比较开朗，学习成绩优秀，乐观自信，亲和力强，与同学关系融洽；心理承受能力好，有较强的环境适应能力；喜爱体育活动，爱好打羽毛球；多才多艺，喜欢弹电子琴（已通过九级）、看书、学习奥数，酷爱表演。

在小学阶段，我女儿小有成就，她是学校表演社团的成员，在东城区第十六届学生艺术节集体项目戏剧展演中荣获一等奖。二年级开始学习奥数，成绩一直很优秀，数学成绩保持在金榜前 50 名。四、五年级获奥校杯数学学科一等奖。六年级获华杯赛北京赛区一等奖。

最令我骄傲的是，女儿在四年级时参加了八中少儿班和素质班的复试，最后进入到素质班的试读，和八中优秀的老师及许多优秀的学生一起度过一周的试读生活让女儿无比兴奋，至今女儿对试读生活还记忆犹新。

对于孩子的教育，我谈不上成功，每个孩子性格迥异，每个家庭都有各自的生活方式和教育孩子的方法。我想说的就是要根据孩子不同阶段的特点（兴趣），不断地改善教育孩子的方法。

每个家长都希望孩子能够成龙成凤，我当然也不例外。在孩子三岁的时候我就给她寻找各种早教培训机构，后来都因为各种各样的原因没有参加。平时老人在家看孩子，孩子就经常看一些动画片，后来我发现女儿感兴趣的动画片，她能把片子的台词倒背如流，这一发现，让我对孩子的教育有了重大发现，就是根据孩子的兴趣教她知识，她学得会非常快。女儿再大一些，就会问这问那的，尤其是对文字感兴趣，只要是她问的文字，告诉她后，她就会很快记住。

根据孩子的兴趣，给她报名爱上的课外班，不但让女儿学到了很多的知识，还结交了不少的朋友。有一次接孩子下课，给我印象最为深刻的是，女儿兴奋地跟我说："妈妈，我今天又认识了好多新的朋友，我特别高兴。"

孩子的兴趣是广泛的，我女儿就是个例子，唱歌、跳舞、画画、打羽毛球等等，她都喜欢，经常让我给她报名各种各样的班。由于时间关系，我给女儿长期选择了电子琴的学习，其他爱好如唱歌、画画等我只是利用寒暑假的时间，让孩子报名一些短期班，让她有一些初步的学习，让她尽可能多地扩充知识面。对于电子琴的学习，女儿很感兴趣，当初我的想法就是让孩子会一种乐器，背谱子可以锻炼孩子的记忆力，弹琴可以锻炼孩子的手指灵活性，并没有刻意去考级。学了一年的时间，女儿对我说，"妈妈我要考级。"我当时很高兴，并且对女儿说："考级是很辛苦的，如果开始考，咱们就要坚持下来，一直到九级，不能半途而废，要不咱们就不考。"女儿愉快地答应要把考级进行到底。电子琴的学习有些枯燥，由于是女儿自己提出的要求，一直考到九级她都没有退缩过，克服了各种困难，我感到很骄傲。

对于奥数的学习，我的理解就是，奥数对孩子的思维方法有很大的帮助，但是学习奥数要看孩子的自身情况。女儿二年级开始学习奥数，这个建议是我妹妹（小学数学老师）提出的，我当时想那就让女儿试试，如果她感兴趣，就可以坚持。上了一个学期后，女儿不但没有反感奥数，还对奥数产生了兴趣，每次测试成绩也非常优秀，这样我们就一直坚持到六年级。

虽然女儿小学阶段课外班占用了不少时间，但她精力一直都很旺盛，一直是在快乐中学习，也没有影响校内的功课，在学校里的成绩一直很优秀。

在这里说了这么多，我就是想告诉大家：孩子的兴趣很重要，每个孩子特点不一样，要根据孩子的实际情况去开发、教育，这样孩子在有兴趣的前提下，能快乐地学到知识。

自 然 之 心

崔雅棋家长

崔雅棋是一个很有自然之心的孩子。

和她一起走出去到户外，她真的是调动全身的每一根神经，在看，在闻，在听，在摸，在欣赏，在发问，在学习，在思考这个存在于我们四周的神奇世界。

从她蹒跚学步始，我们带她的大部分时间都是在小区附近的康庄公园里度过的。挖开草坪，翻找虫子，捡拾树叶树枝、小石子，追逐蝴蝶麻雀……孩子最爱听的一句话是："宝贝，你有一双会发现美的大眼睛！"

上幼儿园大班时，有一天我们看到光明日报社冯永锋写的一篇《天坛观鸟人》的文章，从此结识了自然之友野鸟会的李强老师，走上了多姿多彩的观鸟之路。2007年那个冬天，每周末天坛参与鸟类资源调查的一行人的队伍中就多了个小不点儿，她脖子上也挂着望远镜，跑前跑后向大家播报新鸟情鸟况。天坛的红嘴蓝鹊、珠颈斑鸠、丝光椋鸟、红耳鹎、冬候鸟戴菊、长耳鸮……深深地吸引了这个蹦蹦跳跳的小姑娘。

我们一家追随着李强老师的鸟调队伍，周末去天坛、圆明园、植物园、麋鹿苑等公园，节假日赴远郊的野鸭湖、十渡、松山等观鸟圣地，或外地候鸟迁徙聚集地像大连老铁山保护区、山东东营黄河入海口等。我们也带孩子参加了自然之友植物组的许多活动。户外活动比较辛苦，常常是早上五六点出门，晚上七八点才回家，背包里是望远镜和相机、图鉴，午饭就是面包和水，连厕所都没有。短短几年内，孩子就认识了身边常见的数百种鸟儿和植物，也结识了一群良师益友。崔雅棋作为一个小环保志愿者，跟着北京观鸟会的付建平老师，在颐和园的廓如亭环志雨燕，在北戴河的水稻基地环志夏候鸟；追随首师大高武老师，数次去松山做鸟类和植物资源调查；走进北师大赵欣如老师的周三课堂，聆听鸟类知识讲座……

老师们丰富的学识、睿智的谈吐、热爱自然环保公益的拳拳之心潜移默化地影响着孩子，在她心中播撒了热爱自然、环保简单朴素的生活理念，培养她用心观察事物、体会生命的思考习惯，激发她探索新知识的欲望。

感谢自然之友、北京观鸟会，绿家园等 NGO 组织，我们学到了学校课堂上接触不到的鲜活的东西，从另一个角度见识了不一样的风景。一路陪伴孩子走来，我们找回了久违的童心，回归自然，回归本真，回归简单。

做孩子的良师益友

高琬婷家长

作为独生子女的父母，培养孩子对我们来讲也是一个崭新的课程，我们没有经验，只能在不断摸索中前进。虽然也买了一些亲子教育的书籍来学习，但是每个孩子的个性不同，书中的经验不一定适用自己的孩子。这就需要我们在日常生活中观察、了解自己的孩子，找到适用自己孩子的方法，但是毕竟平时工作较忙，又没有学过心理、教育类课程，有时方法还是有些简单粗暴，也需要与孩子共同进步。

我觉得孩子拥有的品质应该有以下几个方面：诚实、正直、善良，有团队协作精神，尊重他人，学习上有韧劲与坚持不懈的精神，情商与智商共同发展。

孩子刚上学时，为了帮助她尽快适应，我们按照老师的要求，每天放学写完作业后，会帮助她检查作业，让她把错题尽快改正。过了一段时间，我渐渐发现，这样做孩子就有了依赖心理，反正有人帮助她检查作业，她自己做作业就没有那么专注，所以我调整了方法，帮助她检查完作业后，只告诉她哪页有几道错题，让她自己再去检查，发现错题并改正。到了中年级之后，我告诉她家长帮助她检查作业不是帮了她，而是害了她，因为平时粗心马虎的毛病会带到考试中，考试时没有人帮她检查题目，所以我让她自己写作业要认真，自己养成检查的好习惯，我不再帮她检查作业了。刚实行此方法后，我等孩子睡觉后，悄悄拿出作业来看一下，发现有错题后，我也没有告诉她，直接让她交作业了，自己的错误就要自己承担，我相信老师判作业后的红叉子应该会督促她进步。这样，学校校内的学习管理让她自己来完成，我告诉她：自己的事情应该自己做，我只是定期看一下各科的情况。如果有问题，我会提供一些方法让她改正提高。

在培养孩子良好的品质方面，我觉得家长以身作则、言传身教比反复说教更能促进孩子的成长。我曾做过孩子班级的家长促进委员会主任，平时对孩子班上的事情也是热心地提供建议以及力所能及的帮助。孩子也是集体荣誉感很强，对班级的事情很上心，如果有可能的话，总是积极地为班级活动献策献力，并积极地参加学校的各项活动。

我希望提高自己的教育水平，做孩子的良师益友。

为孩子打开书本以外的知识殿堂之门

葛桓羽家长

如果要谈培养孩子学习方面的心得，我想每个孩子有每个孩子的特点，每个家庭也有每个家庭的实际情况，因此方法不一定放之四海皆准。对我们家孩子来说，我感觉养成好的学习习惯是成功的一半。他是一个自觉性、自律性较强的孩子，小学阶段的内容比较简单，即将迈入初中，随着课内知识深度增加，这个年龄段的孩子有很强的求知欲，所以不应局限于课堂的知识摄取，应该关注课外知识的扩展。学习能力的培养、观察事物的角度、看待事物的方法，都需要在家庭环境中，与孩子相处过程中逐步渗透、不断引导。

"读万卷书，行万里路"是古人自我修养的途径，也是我们一直以来的一种求知模式。在孩子的家庭教育方面，我们更是以此作为基础，丰富孩子的课外知识与课余生活。"行万里路"是所有孩子都非常喜欢的方式，那么如何将能实现"行万里路"达到"读万卷书"的效果呢？我们总结的方法就是，不能盲目"行万里路"，要有计划、有准备、有实践、有总结。

这种思路其实是受益在小学坚持六年"走进……活动"的启发。每个学期学校都会组织学生进行两次"走进博物馆""走进剧场"的活动，每次活动学校都会安排专门"前课""中课""后课"，使孩子的活动"有目的""有体验""有感受"。虽然每次占用了很多课内的时间，但是却起到了事半功倍的效果，每次走进都准备得非常充分，并非走马观花，随便看看图个高兴。因此六年十二次的"走进……活动"，使孩子受益匪浅，从中汲取了很多课本上学不到的知识。我们的家庭教育也从中受到了感染。

因此我们家庭的每一次远行，都会分为三个时期，即"预热期""体验期""回顾期"。结合今年暑假英国深度自由行，谈谈我们对孩子教育的引导方法及感受。

一、预热期

1. 让孩子自主选择感兴趣的旅游目的地

这一点很重要，"行万里路"绝对不是父母的意愿想去哪里，更不是一定要选那些热门的国家或者景点，我们的做法是听取孩子的意见。比如在小学五年级，学到《雨中登泰山》那篇课文的时候，他感觉写得特别美，特别想亲身感受一下，于是我们利用十一小长假去登泰山，整个过程让他真正感受登山的艰难及途中美景。

这次暑假去英国也是孩子自己选择的，他一直在学英语，平时英语老师潜移默化的影响，加之对英国的历史文化的了解，使孩子对英国一直很向往，只是苦于小升初，所以一直没有走这么远。这次孩子说："我学了这么多年英语，还没真正应用过，希望选择英国自由行，自己可以随心地去想去的地方。"带着自己的意愿去旅行，对孩子来说是一种认可和尊重。

2. 要让孩子提前了解目的地国家的历史、人文、景观信息

出游要有目的性。我们要让孩子知道，出游不是父母带着你，给你当导游，告诉你这是什么，那是什么，而是要让他通过提前的功课把他想看的、想要了解体验的东西列出来，再由父母来补充。

所以他在做旅游功课的时候，特别选取了莎士比亚、狄更斯的作品，还重新看了一遍《福尔摩斯探案集》和全套的《哈利波特》。兴趣是最好的老师，带着对这些向往，在人文方面，孩子首选了莎士比亚环球剧场、狄更斯故居、福尔摩斯博物馆、哈利波特基督教堂学院；在历史方面，孩子选择了白金汉宫、威斯敏斯特教堂、议会大厦来了解英国的历史；在景观方面，孩子想参观伦敦眼、巨石阵，还要在剑河泛舟。

因此提前把这些景点的相关信息全部预习一遍，这样到了英国再结合当地的导览解说器，就可以对这些历史文化有更深层次的认识。

3. 提前做好语言方面的准备

既然孩子提出要自由行，那就要告诉他自由行可能会面临的沟通障碍，必须提前学习，这样我就找来了《旅游口语交流》光碟，里边有不同场景下的对话，比如登记入住、点餐、问路、购物、退税、通关等一系列内容。把它放在车里，有空的时候就放来听。实践证明，平时的积累和临时突击，对之后的交流很有帮助。

二、体验期

1. 让孩子用相机去记录看到的一切

一定要给孩子单独准备个相机，孩子的视角和大人的不同，要让孩子用手中的相机去拍下身边感兴趣的东西。比如儿子喜欢火车、地铁，所以拍了很多火车和地铁的设施和线路，回来后和中国的轨道交通进行对比，发现很多各自的不同，还对各自的优缺点进行了总结。

2. 用游记去记录旅游的感受

要引导孩子把游览的过程记录下来，而且最好是当天的旅游感受当天完成，因为回来再重新整理，有很多东西都忘记了，而且也没有当时的兴奋感。这一点儿子做得让我佩服，每天晚上无论回来多晚，多疲惫，都不忘记写游记。甚至有的时候经常傍晚坐火车到另一个城市，儿子就利用在火车上的时间完成他的游记。国外的火车人很少很安静，孩子说："一边望着窗外美景一边写游记，很享受。"这一点坚持也许我们大人都做不来，写日记已成了他的习惯，但他从来不让我们看，也许这个年龄的孩子都想有自己的私人空间。短短14天的旅行，孩子完成了8 000多字的游记，很有成就感。

3. 旅行中尽力培养独立生活的能力

在国外培养孩子的独立生活能力，交流一定是第一位的。在整个的旅游过程中，所有与人交流的机会都由孩子来完成，比如酒店入住、退房、点餐、购物、乘车、问路、退税、办理乘机等，我们没有插一句话。第一天，孩子还有点腼腆，没有那么自信，但是整个行程下来，孩子沟通大胆了，表达流畅了。英国人很热情，几次与人交流的过程中，孩子流利的英语都受到了夸奖，还被问及"在哪里学的英语这么好？"儿子骄傲地回答说"China"。在交流过程中，儿子说体会到了英国人日常用的口语和我们书本上学的语法和词汇表达还是有很大差异的，而且感觉沟通的时候，说出来不难，难的是听懂对方说的，因为在英国不同城市英语也是有口音的。我觉得这就是进步。

除了英语表达，日常生活也要给孩子创造独立的机会，比如去超市购物，因为酒店门口就是超市，所以每次给孩子 10 英镑，让他去买些早餐和一些零食。孩子没有胆怯，自己计算价钱，寻找既经济又实惠的商品，出门结账的时候还体验了高效自动结账机器。机器的操作步骤说明全部是英文，没人指导，要自己扫条码然后用现金或者信用卡付款，一切都非常顺利，所以不能低估孩子的适应能力和生存能力，要大胆放手让他们去做。而且这些新鲜事物对孩子的触动也很大，回来后和我们说："要是中国能引进这种自动结账，就不用在超市排长长的队了。"

三、回顾期

旅游的回顾期也很重要，这是对孩子总结能力和归纳能力的培养。往往旅游回来那份兴奋劲已经消去，疲惫期到来，在调整好生活状态的同时不要忘记让孩子对整个的行程和感受做个总结。这个总结包括：你感觉国外的文化和中国的不同之处；国外生活方式与中国相比的优缺点，环境、交通等，可以包含孩子有感觉的各个方面。另外也可以包含对本次行程的安排、景点的选择、交通和住宿的情况等，都可以做一个总结，为下次远行做借鉴。正好放假前班主任王老师留了一个作业"我的暑假生活"，孩子花了 3 天的时间独立完成了出行总结，并制作了精美的 PPT。感觉每一次的远行都让孩子成长了许多。

以上就是我们家庭教育方法的一点点体会，我想如果能真正地践行好"读万卷书""行万里路"，如何能把两者有机结合起来是关键。如果说哪个更重要，那么我认为，在学生时代，"读万卷书"比"行万里路"更重要。在学校学好书本知识是第一要务，"行万里路"作为知识的补充来增长见识，理论结合实际更为恰当，两者相得益彰，学以致用，才是教育孩子最行之有效的方法。

军人家庭的孩子成长记

张珂家长

首先我要说一下我们的家庭情况，孩子的爸爸是一名军人，一直都是我们自己带孩子，老人不在身边，我觉得这就是一个很好的培养孩子的环境。因为通过我们多年观察发现，如有老人在身边带孩子，孩子大多都比较任性、娇气。而我们家一直都是我们自己带孩子，从来没有老人帮助，从不过度宠爱孩子。这也是我的最大心得，没有老人带孩子更有利于孩子发展，因为有老人在身边一是会过度宠爱孩子，使得孩子变得任性。二是老人们放松、休闲的状态也会影响孩子的精神状态。

在孩子的学习方面，我们以培养她的学习习惯为主，放学回来首先就是做作业，作业完成后其余的事情都是她自己决定。在高年级，孩子就会自己做好该做的事情，作业和校内的事情基本不用我们管。再就是让她多读书、读好书，增加阅读量，提高她的文学素养。孩子在学习方面也遇到过一些问题，她考试成绩不理想时，我们批评过她，但事后一想这并不是解决问题的好方法，后来我们更多地鼓励她，常对她说"会做的题必须正确，不会的题要用心思考"。

在生活习惯方面，我认为她做得最好的就是每天坚持体育锻炼，只要有时间就去打篮球，这也是正常学习过程中很重要的一点，能强健体魄、保持健康，做到劳逸结合，学习效率会更高。

第四章

中考不可怕：调整心态，从容应对

中考是孩子们第一次比较公平地面对选拔考试。北京的基础教育最近几年进行了较为深入的改革，为中考的相对公平、公正提供了大环境。在这种形势下，家长要以平和的心态和孩子一起分析自己学习的优势和劣势，在学校教师的引导下，迎接学习生涯的第一大挑战，只有这样才能从容应对接下来更高难度的高考。

要学会正确面对失败

王欣然家长

不得不说，在现行的教育体制下，我们的孩子面临的竞争比我们那个年代激烈得多、承担的课业比我们的学生时代繁重得多。这样的形势下，是教育孩子不断努力、争取成功，还是要教会孩子正确面对失败、乐观向上、积极进取呢？我个人认为对于一个十四岁的孩子来说，后者更为重要。

和八中的其他孩子们一样，我的孩子在小学期间也的的确确算得上成功。她成绩优异，发展全面。因此，她还算比较顺利地进入了八中——这所足以让孩子和家长引以为豪的学校。然而，在我们全家都还沉浸在成功的喜悦中时，初一的分班考试给了我们当头一棒。看分班名单的情景，我现在想起来都还有些心痛。我先安慰了自己：这样的经历对孩子的成长应当是一件好事，然后尽快地调整自己的情绪，来安慰哭泣的孩子。我告诉她，没有一个人会一直成功，因此，失败并不奇怪，也没有任何一次考试会决定你的命运，哪怕是高考。尽管说得铿锵，但我对孩子的承受能力也没底儿。进入初一后，我不再要求孩子的成绩，而是告诉她，只要平时的学习态度端正，考多少分并不重要，希望这样可以减轻她的压力。拿到孩子的卷子和作业，也只是和她一起分析错误，要求她错了的题不许再错，而尽量不去关注成绩。尽管如此，孩子有时还是会为了分班考的事情难过。尤其是一些小学同学分到了靠前的班次，她们嘲笑的话语让优秀惯了的孩子自尊心受到了打击，她总是较劲说一定要考出好成绩。这个时候，我总是一面和她讲"嘲笑她的同学只是因为还没有长大而已"，一面给她迫切想提高成绩的心情泼点儿凉水——成绩并不是衡量人生是否成功的必要条件，相比较试卷上的结果，付出努力的过程更为重要。

现在，孩子的成绩已经有了一定的提高，但还不够稳定。令人欣喜的是，她已经学会不过多地纠缠分数，而把注意力放在怎样去改进的行动中。比起孩子成绩的提升，她这种健康乐观、积极进取的心态更让我感到欣慰，也相信在这样一种良好的心态下，她会取得更大的进步！

要和孩子做朋友　循循善诱共成长

张念慈家长

人的一生中要接受三方面教育，即家庭教育、学校教育和社会教育。家庭教育是人生接受教育最早、影响时间最长的一种基本形式。教育和培养孩子的问题不是几句话就能说明白的，它需要一个复杂、漫长的过程，通过这个过程不断总结经验教训、采取措施等，可能成功，也可能失败。但只要你一直不断努力、付出心血，正确地对待每一件事，就会有好的结果。我最大的感悟就是：要和孩子做朋友，循循善诱共成长。

我并没有什么具体的目标，一定要把孩子培养得如何如何，但关爱和教育是必不可少的。我女儿的学习成绩一直都令我们比较满意。认真的学习态度、良好的学习习惯等等，除了我们家长的督促，学校和老师功不可没。我觉得作为家长首先是要学会和孩子沟通，学会如何培养母女、父女间的感情，学会如何跟她谈心。不一定要谈大道理，在这点上有的家长误认为把大道理讲给孩子听就会有好的收效，其实未见得。孩子天真无邪，高兴的事就爱听，不高兴的事反感，甚至对家长产生隔阂。有的时候，言传身教，家长做好表率会更有效。

在家里，我和女儿既是母女，又是朋友。有什么事情我们总会在一起说一说、议一议。久而久之，孩子在不知不觉中增强了责任感。我们给孩子营造一个和谐、舒适的环境，让她在这个环境中愉快地成长。

所有的孩子都贪玩儿，作为家长，我们应该加入其中。在玩的过程当中寻找机会达到教育和培养的目的，旅游、家庭聚会、健身等都是不错的选择。

　　教育与培养是彼此不能分割的两个部分。因此，在教育孩子的过程中要注重培养孩子的特长和兴趣。我女儿喜欢画画，我会经常鼓励她，我认为兴趣爱好的培养与课业压力、学习任务不冲突，越是在学习紧张的时候，越需要有一种孩子喜欢的业余爱好帮她缓解学习压力，舒缓情绪。

　　多给孩子欣赏的目光，有利于培养孩子良好的道德行为习惯和品质，有利于增强父母对孩子的信任。多给孩子以欣赏的目光，就会看到孩子与众不同的长处和优点，看到她的一点点进步，肯定她，坚持鼓励她，耐心引导她，平和看待她，并以实际行动支持她，孩子就会把自己的优点发扬光大，这一点很重要。

　　所有的孩子都有自己的优点，但又都难免出现缺点与错误。如何对待孩子的每一点成绩与每一个错误，是做家长要考虑的关键问题。尺度的把握有学问。孩子有了一点成绩家长不要过于高兴，犯了错误也不要轻易发火，一方面要给孩子留有余地，另一方面在她知错时要抓住时机，理智地进行教育。

　　常言道：做人先立品，我特别注重对孩子的品德教育，时常告诫孩子：做人必须诚实、谦让、富有爱心；同时以身作则，自觉遵守有关法规及公民守则，做孩子的表率。抓住每个机会，对孩子进行切身的品德教育。另外，对于孩子提出的问题，不要大包大揽，应该尽量采取启发诱导的方式，充分开发孩子的想象力。

　　新的学年即将开始，这一年也是关键的一年，女儿会迎来人生中的一次重要考验——中考。而我更看重的是对孩子心灵的一次考验，人生的一次历练。我会陪着女儿一起全力以赴，以积极、良好、乐观的心态站在人生跑道上，享受并记录成长的一点一滴。

在孩子成长期间的一点感悟

赵翔家长

我一直很忙，很少关心儿子的生活和学习，主要是孩子的妈妈在管他。以前，和他妈妈相比，儿子和我还是有些疏远，有事都和妈妈说，还要对我保密。我有时和他讲话，他也是应付。我也觉得对儿子关心少，所以我们的沟通才变成这样。我一直在反思，想改变我的行为方式，尽量多和他沟通沟通，说些他感兴趣的事，有些难一点的题和他一起做，有时还要争论一番，以此让我的思想能和他同步。随着儿子年龄的增长，他对我的态度也慢慢在改变，和我亲近了许多，也愿意多和我讲一些话。

我很赞赏一些国外的父母教育子女的方式，把孩子看作朋友，给予一定的指导，更多地给孩子鼓励，让他多独立思考，多让他尝试一些事情，有助于他的成长和个性的培养，也有助于将来融入社会。我也把儿子看作我的朋友，一个思想还不太成熟的朋友。

我一直认为，作为孩子，学习是重要的，但不是最重要的，不是生活的全部。一个人的一生是短暂的，青春一闪即逝。我希望我的孩子能有一个快乐的、美好的、值得回忆和留恋的童年，所以，我只要求他能把学校课堂上讲的知识学会就行，从不强迫他去参加一些所谓的培训班或加强班什么的。儿子是在五年级的时候转来北京上学的。记得刚到北京的时候，听说想上好一点儿的中学，都得上占坑班或奥数班，当时我们也给他报了一对一的奥数班，还给他报了培训班，每周除了正常的上学外，还有三个半天要去上课外班，每周只有半天的休息时间。每隔一段时间我都会问他感觉怎么样，他说还行，大部分都会，还有一些确实很难。我说没关系，慢慢来。有时他有一些不会的题问我，很惭愧，我也不会。有时我在想，为什么非要让小孩花把大把大把宝贵的时间去学一些深奥的、可能一辈子都用不上的题目？上了半年后，有一次我又问起他学得怎么样，他说"就那么回事，上不上培训班没多大意思，自己学就行了"。我和他妈妈一商量，既然孩子没兴趣就算了，不要勉强。

儿子有时也比较贪玩儿，主要是爱打电子游戏。在孩子玩电脑方面，我觉得在当今这个信息化时代，电脑已成为我们学习、办公以及获取外面信息的不可或缺的手段。所以，对于他玩电脑我还是持支持态度的，只是在时间上我做一下提醒，从不强制。儿子也比较自制，所以我还是比较放心的。玩儿也是一种学习。

在对儿子学习方面，我从不强迫他，他自己安排好就行，在其他方面，我更多的是鼓励他多出去玩儿，比如和同学、朋友打打球，骑自行车、跑步，只要让我们能够知道他在哪儿、是安全的，随时能找到就行。

孩子健健康康、快快乐乐，就是我最大的心愿。

确立和谐的沟通模式很有必要

张子川家长

记得刚上初中的第一周的一天晚上，屋外下着中雨。孩子的父亲出差在外地。我和孩子因为写作业和翻看手机的问题争执起来，可能我的言辞有点无所顾忌，争吵中孩子拉开窗户把手机从七楼扔了出去，我在甩下一句"你给我把手机捡回来"后转身到了另一屋。随即听见开关防盗门的声音，我心想孩子可能是去找手机啦。过了半个小时，我有点坐不住了，外边在下雨，也没看到他拿雨伞，得去看看。等我到他屋一看，人不在，连书包也不见啦。我慌里慌张下楼走遍小区的每个角落，可没有找到孩子，此时发现他离开家已经两个小时了。发生这种境况，真是头一遭。我六神无主，不知该怎么办才好。想想也不知能去哪里找他，只好回家等待。回到家后我在孩子的书桌上找了一个本子，把我的歉意和担心都写下来，我不知道他能明白多少，至少有一点——我以后和孩子说事不会再这么简单、无所顾忌。写完后想打个电话，才发现手机没在身边，查看手机发现有一个未接电话，随即回过去，对方说是一小卖部的公用电话。这个小卖部是我们原来住房楼下的其中一个。虽然没和孩子直接说上话，但由于原来的住房当时还空着，孩子手里也有钥匙，所以我的心算是放下一半。

那天晚上折腾到夜里十二点，正在我犹豫是要休息还是去找孩子的当口，孩子自己回来啦。见到孩子后，我脱口而出："儿子，谢谢你能回来。"孩子不好意思地看我一眼就回自己屋里去了。我说："这么晚啦，你在老房子睡觉多好，省得跑回来。"儿子说："我打电话你没接着，我怕你担心。"当时我的眼泪差点掉下来。

这件事让我有很深的感触。作为父母的我们在和孩子沟通时，首先要明确如有问题，沟通是为了解决疑惑或者寻找相互都能接受的方法来解决问题，而不是想用不足来相互折磨彼此。所以对于孩子的学校生活，我们本着尊重、理解、支持的态度来看待；其次在解决问题的过程中不能一蹴而就，要有耐心接受问题的反复，不断修正结果。

当然孩子也得为他扔手机而不得不接受一年都没手机可用的现实。

浅谈孩子教育的几点体会

蒋哲宇家长

关于孩子的教育，这几年我的体会是：所谓孩子的教育，实际上就是一个不断遇到问题、解决问题、共同成长的过程。在这个过程中，酸甜苦辣咸五味俱全，有喜悦也有疑惑和遗憾。归纳了几点心得体会，希望能和老师、其他家长一起交流探讨，以利于未来在孩子的教育方面做得更好。

关于孩子学习方面的心得

做一个"懒"家长，培养孩子自主学习习惯。从孩子上学开始，我们就树立这样一个理念，就是在学习方面，老师是教导者，家长是辅助者，孩子才是主体。很多时候，应该做一个"懒"家长。

做"懒"家长的第一个窍门，是对于孩子在学习中遇到的问题，不必有问必答，尽可能引导孩子自己去寻找答案。家长直接回答，有时候更省事，但是孩子可能印象不深，并且家长的回答未必准确和全面。有一个让我印象深刻的例子，一天孩子问我"0"是不是自然数？我按照自己上学时的标准给予了否定。过几天孩子从学校回来告诉我，"0"是最小的自然数。我赶紧上网搜了一下，发现最近几年中小学教材开始把"0"归入自然数。从那时起，我们鼓励孩子有问题自己查找工具书，也引导孩子学习使用网络搜索工具给自己答疑解惑。刚开始时要花很多时间和精力，但孩子入门以后向家长寻求答案的时候就越来越少。有一次，儿子甚至问我："妈妈你上学的时候是不是一个笨学生啊，为啥我的问题你都答不出来呢?"

做"懒"家长的第二个窍门是学会放手，让孩子找到适合自己的学习方式，自己掌握学习节奏，家长不要入戏太深。从小学三年级开始，我们就和孩子讲好，要他自己对作业负责，除非老师有要求，否则我们不会帮他检查作业并签字。但家长也不能大撒把，每隔一段时间，和孩子交流一下学习情况，看看孩子的作业和试卷，必要时和老师沟通，及时发现并引导孩子解决问题。

注重在校的学习效率。进入初中以后，孩子作业量明显增多。曾经有一段时间，孩子写作业有点小磨蹭。为了解决这个问题，我们鼓励孩子在学校解决学习上的问题，不懂就问，不把问题带回家。同时，在完成作业的前提下，给孩子自由时间和空间。孩子可以按照自己的意愿看课外书、看电视、找伙伴玩儿，家长尽量不干涉，这样孩子也有提高学习效率的动力。

培养孩子的学习兴趣。让孩子体会到学习的乐趣，一直是我们努力的目标。为了实现这一目标，我们选择从阅读入手，在孩子很小的时候就有意识地培养孩子的阅读兴趣和习惯。孩子很快喜欢上看书，从四五岁开始独立阅读，在我们没有专门教过他识字的情况下，上小学之前已经能够阅读小学三年级水平的儿童读物。在阅读内容方面，以孩子的兴趣为主，不强调针对知识点、针对阅读理解等要求。现在读书已经成了孩子课余时间最重要的 活动之一，并且看的书很杂，不管天文地理还是风土人情，都讲得头头是道，俨然是个"杂家"。这样的阅读习惯，对于考试需要的阅读理解能力目前看帮助不大，但从素质教育的角度，应该有益于孩子的长远发展。

另外，我们也引导孩子重视每一门功课，避免孩子过早形成"主科副科"的概念，希望孩子能够全面发展。

关于孩子行为习惯的培养

形成良好的生活和行为习惯，与形成良好的学习习惯同等重要。在这方面，我们认为，一是要"言传"和"身教"并重，希望孩子成为什么样的人，自己就要首先努力成为那样的人。比如，我们要求孩子尊敬老人，自己就要关心父母，让他们生活舒心、安度晚年。这样孩子和老人也一直互相关心、相处融洽。

二是要大处着眼，小处着手。比如，如果直接告诉孩子要与自然和谐相处，孩子往往不知所措，可以将要求分解为遵守公共秩序、爱护动植物、节约能源水电等，便于孩子理解，慢慢就固化成为一些好习惯，包括礼貌待人，在外面玩时不破坏植物、不惊扰小动物，夏天很少要求开空调，重复利用水资源等。

但随着孩子年龄的增长，自主意识越来越强，在培养好的行为习惯方面，我们面临着越来越多的困惑。

一是关于孩子热衷使用手机等电子产品的问题。生活在我们这个时代，让孩子完全与这类电子产品隔离恐怕不太现实，毕竟网络已经成为人们生活和学习的重要工具之一。孩子长大走向社会，也要使用这类工具。儿子在学校学习过使用互联网的基本技能，我们平时也教他如何上网搜索有用的信息和资料。孩子很快喜欢上网络的便利性，现在偏爱使用电子词典、搜索引擎等工具查找资料，也喜欢玩一些电脑游戏，但这既影响了儿子的视力，又占用了不少休闲娱乐时间。为解决这个问题，我们和儿子订了一个君子协定，让他尝试自我管理，合理利用网络，定期复查视力。这个方式的效果如何，还有待检验。

二是培养孩子的生活能力问题。我们一直希望孩子能掌握必要的生活技能，主动分担家务劳动。但由于是独生子女，小时候更多是家长包办。他渐渐长大以后,我们有时候为了赶时间,有时候为了避免更多麻烦,也没有严格要求孩子,造成孩子做家务往往只有三分钟热情。随着孩子年龄的增长,我们越来越意识到培养孩子对家庭和社会责任感的重要性,暗自检讨是否错过了培养孩子热爱劳动的最佳时机,得赶紧弥补。但这个年龄段孩子往往开始逆反,我和孩子谈过几次,没有明显效果,需要再接再厉。

　　总之,我们认为,孩子的教育和成长,是一个曲折前进、厚积薄发的过程,需要家长有足够的耐心、爱心和信心,陪伴孩子共同成长。

良好的班风是学校教育的金钥匙

——从"南橘北枳"说起

杨润宇家长

"橘生淮南则为橘，生于淮北则为枳，叶徒相似，其实味不同。所以然者何？水土异也。"《晏子春秋》记载的这种"南橘北枳"现象说明这样一个道理：在事物的发展成长过程中，环境发挥着至关重要甚至决定性的作用。这同样适用于教育。在决定教育成败的所有因素中，良好的班风是学校教育的金钥匙。这一点，是我从润宇升入初中以来的变化中真真切切感受到的。

润宇所在的五班，有38个同学，分别来自全市各区县的多所小学。一年多来，在全体老师、同学和家长的共同努力和精心培育下，班级环境和谐，学习氛围浓厚，师生情谊真挚，同学关系友善，各项工作在年级各班中表现突出。纯真、质朴、美好、温馨的班级氛围，为孩子们的成长进步提供了适宜的条件和理想的环境。

五班的良好班风，源自各位家长浓浓的集体荣誉感和团队精神。去年8月初，热心的琛岱爸爸创建了以"八中五班"为名的家长微信群，开学短短一个月时间，班里所有的家长、任课老师和班主任纷纷加入。正是这个群，成为家长和老师之间以及家长相互之间沟通情况、交流体会的纽带；成为大家共同参与班级事务、携手推动班级建设的平台。一有什么重要活动，大家就"如约而至"，出点子、想办法，献言献策，群里一片热闹景象。今年上半年，为了准备学校的合唱展示，大家自发地在群里连续开了将近三个小时的"微信座谈会"，反复讨论男女生服装的款式、颜色、搭配，认真研究女生鞋跟的高度、化妆的浓淡等。在逐渐形成了一致意见后，大家便争先恐后地认领"任务"，君陶妈妈代购衣服、侯坤妈妈代购鞋子、慕菲妈妈代购男女袜子、伊宁妈妈和昊泽妈妈负责现场化妆、竞翔爸爸安排接送车辆……每一个家长都把全班所有的孩子当成了自己的孩子，悉心呵护，关怀备至。翻看着一条条微信，查阅着一句句发言，家长们浓浓的集体荣誉感和团队精神，令人感动。

五班的良好班风，源自家长相互之间关系的融洽、和谐、友善和包容。很多家长此前从未曾谋过面，是因为孩子的关系而结缘，但一年多的微信交流和"隔空对话"，许多人的关系已经超越了一般意义上的家长关系，似乎成了相识多年的老熟人、可以促膝谈心的好朋友，融洽、友善、和谐。不管是虚拟的微信群里，还是生动的现实生活中，五班的家长们都能够自由地交流、顺畅地沟通，轻松亲切，暖意融融，好像一个大家庭。家长之间的良好关系投射到班级里，反映到同学关系上，又进一步加强了同学之间的理解、包容和团结，进一步助推了良好班级环境的形成和固化。

五班的良好班风，源自班主任王秀利老师的周到、细腻、果敢和坚毅。作为一个男老师，王老师在关心同学、待人接物、传道授业等方面，细腻、全面，拿捏到位、把握适度，丝毫不亚于女性老师。另一方面，在班级管理、决策安排、指挥调度方面，敢于要求、雷厉风行、令行禁止、敢作敢当，绝对是"纯爷们儿"。特别是王秀利老师基于自己多年教育一线的丰富实践经验和深刻体会感悟，经常在微信群里、家长会上，与大家分享宝贵而实用的教育经验，指点迷津，答疑解惑，成为家长微信群和家委会微信群里当之无愧的"领头大哥"。

良好的班风熏陶着孩子们的道德品质和世界观、人生观，影响着孩子们"和谐、平等、诚信"等社会主义核心价值观的塑造。环境的影响，润物无声而又潜移默化。一年多来，在五班良好班风的熏陶和带动下，润宇同学更加热心公益事业，热爱劳动，回家主动帮助家长洗衣服、刷锅洗碗、打扫卫生、整理家务，养成了良好的劳动习惯；同时，润宇同学更加懂得了关心集体，尊敬师长，团结同学。

今年暑假的一天，润宇回山东老家看望爷爷奶奶前，精心准备着礼物：这盒茶叶送给爷爷，这件玉石挂件送给奶奶，这本英汉词典送给读高中的姐姐，这个峨眉山小猴子送给姑姑家的小弟弟，这架歼－11飞机模型送给小姨家的表弟……给老家每个亲戚都置备了礼物，行李箱塞得满满的。我提醒她，多带几件衣服。她说："只要爷爷奶奶、姐姐弟弟们高兴，我少带几件衣服无所谓。"心里总想着别人，很少装着自己。多么友爱、懂事的孩子！

良好的班风，影响着孩子们的行为习惯和思维方式，有助于温和、友善等良好性格的养成。良好的同学关系和融洽的班级氛围，可以使大家懂得相互欣赏，善于发现别人的优点和长处。"三人行，必有我师"。每每与润宇谈起同学们，都能体会到她言谈话语中流露出的欣赏和赞美。在她的口中，我知道了班上每个人都有各自的精彩，每个人身上都有值得学习的优秀品质：曹竞翔和刘尚的书法很棒，侯鲲的舞蹈跳得好，李诗扬的歌声十分动听，冯晨馨是空手道高手，杨清羽的英语口语让人称赞……因为友善而相互欣赏，因为相互欣赏而相互学习、共同提高，这不正是我们所希望和追求的吗？

与孩子共同成长

乔向荃家长

当父母是一种修行，一种与孩子共同成长的历练，也是一种享受孩子成长快乐的旅程。我细细回味了初中生活的时光，既有成功后的喜悦，又有挫折后的失落。

小积累，大收获，养成立即行动的好习惯

我常常和孩子讲，我们只要能做到每天提高一点点，就可以实现量到质的转变。1.01 和 0.99 的差异很小，只有 0.02，但是，如果我们把它们 365 次方后，会产生什么样的结果呢？计算结果会让我们大吃一惊，1.01 经过 365 次方后是 37.78，而 0.99 经过 365 次方后是 0.03，差了近 1 260 倍。

每天 10 个单词，1 道数学新思维习题，1 篇习字……通过点滴积累，养成日积月累的好习惯。每个人都是有惰性的，孩子的自控力还不是很强，虽然知道这样做是对的，但是未必能落实到行动上来，这就是中国老话常说的"知易行难"。马云有一句话说得很好："阿里巴巴不是计划出来的，而是现在、立刻、马上干出来的。"因此家长就要起到督促的作用，培养对孩子学习的持续热情，养成"立即行动"的学习习惯。

小细节，大成败，养成细心的好习惯

"细节决定成败。"良好成绩的取得离不开细节的辅助。细节执行不到位，会使学习成绩大打折扣。西点军校对学员的细节要求可以用严酷来形容，因为战争容不得半点差错。西点军校造就了大量的社会精英和管理专家。没有精彩的细节就没有壮观的全局，没有优异的成绩。把小事做细，把细节做精，会带来令人意想不到的结果。今日的德国、日本制造，在世界称雄，依靠的正是这种细节完美。日本机场的行李带上的细节都让人折服——行李带上所有的行李箱都整齐划一，轮子向内，提手向外，方便旅客提取。

分析乔向荃某次成绩的失利，就在于对细节的把握不够，应该得分的题，没有做对，因为计算错误而失分，非常可惜。因此，我们现在要求乔向荃的草稿纸也要做到卷面整洁、行列对齐。但这需要孩子自己慢慢领悟。因为，细节的完美来源于自我要求的严格，而不是他人的强迫。

小挫折，大领会，让孩子在失败中成长

总是想让孩子每一次考试都取得好成绩，总是想让孩子步步成功，总是想让孩子做到完美无缺，总是想让孩子做最好的自己，因此我们对孩子扶着、抱着，害怕孩子摔倒，害怕孩子遭遇挫折。一次与数学魏老师的谈话，让我幡然领悟，应该让孩子早早学会摔倒了自己爬起来，给孩子试错的机会，让他们自己学习改正错误。一味的保护，只会培养出心志不坚的温室花朵。

初一下学期，我让乔向荃自己学习安排自己的生活和学习。她很快就调整好了自己的学习方法和态度，在假期中学习非常主动积极，不用

家长督促，我想这可能比成绩更重要，更值得我们欣喜。

最后，我想说的是，现在的孩子已经不同于生于二十世纪六七十年代的我们，这是一个互联网盛行的时代，是一个张扬个性的时代，也是一个独生子女的时代。对于这些正处于青春期的独子独女们，我们应该做他们的朋友，多和他们相处，理解、支持他们的选择，帮助他们分析问题，陪同他们，和他们一起在这个纷繁复杂的年代健康成长！

家庭教育心得体会

王权家长

我就自己的女儿在成长教育过程中经历的几个事例，来谈谈我个人的一点肤浅的看法。

多鼓励、少批评，使孩子树立自信心

记得一次和女儿闲聊的过程中，我有意无意地说："你看我们同事家的孩子学习自觉性很高，比你强多了。你看看你的成绩，没法跟人家比。"我说完，女儿的反应很强烈，她大声地抗议："不要老把我与别人家的孩子比！"我马上意识到，我的话刺伤了孩子的自信心。其实女儿是一个很自律、很要强的孩子。由此我认识到：不要老把自己的孩子与别人家的孩子比较，不要把孩子的学习成绩挂在嘴边。这样不仅不利于亲子关系的培养，还更容易让孩子产生逆反或自卑的心理，更厌倦学习，回避与父母交谈。

作为家长，应充分地给予孩子肯定、鼓励和赞扬，就拿写作文来说吧。我女儿在初一上半学期时的作文很一般，词汇匮乏，错别字也较多。我心里确实很着急。于是，我为她订购了一些书刊，督促她看一些课外书籍，渐渐培养她爱看书的习惯和兴趣。同时她爸爸每天都按照老师的要求，给她听写词汇，对不熟悉、记忆不牢的进行标注，经常鼓励和赞扬她。通过慢慢的积累，在老师的鼓励和指导下，女儿的作文有了较大的进步。这进步离不开王雅竹老师的认真教导和启发，还有不时的

123

鼓励和支持！这使她对写好作文有了更大的信心！而我也经常鼓励她，相信她会写得更好！

尊重孩子的选择，给孩子一些自由发展的空间

作为父母都希望孩子和自己亲密无间、无话不谈，但这有个前提就是平等和尊重，要放下架子，与孩子交朋友。尊重孩子，包括尊重他的情感、意愿以及隐私。特别是要尊重他的选择。

我女儿自小学一年级起就一直参加国际儿童合唱团的活动，她非常喜欢合唱，每周一次，坚持了 6 年，参加了各种演出和国外出访。但刚上初一时，孩子的爸爸跟她谈，初中与小学的学习差异很大，需要全身心的投入，需要暂时终止一段国际儿童合唱团的活动，先完成小学到初中的角色转换。孩子非常不情愿，但迫于爸爸的压力，还是暂停了活动。初一开学后不久，孩子放学后偷偷告诉我，"妈妈，我被八中合唱团选中了，不要告诉爸爸。"她非常兴奋。我意识到，作为父母，我们可能没有考虑到孩子的感受，违背了她合理的意愿。于是，我让她爸爸跟她正式谈了此事，"爸爸妈妈尊重你的选择，尊重你的兴趣爱好，相信你会处理好个人爱好和学习的关系"。后来，每次孩子参加完合唱团活动，我去接她时，都会听到她哼着欢快的小曲跑到我面前。之后，孩子们代表八中合唱团参加北京市比赛，也取得了不俗的成绩。让孩子自己作选择是对的，只要她是很自愿、很乐意去做的，就能最大限度地发挥其潜在的能力。

给孩子营造一个和谐的家庭成长环境

要学会与孩子沟通的技巧，寻找与孩子的共同的话题，用放大镜看

孩子的优点，关注孩子的心情和感觉比关注成绩更重要，孩子得到父母的认可，可以养成"阳光心理"，从而让孩子更自信。孩子们有很多"可爱的缺点"值得大人们学习。如蓬勃向上的朝气，好问好学的学习态度，不保守、善于接受新生事物的特点，少世故、对人对事的真诚直率，对新科技和新型玩具等未知知识一学就通、一玩就会的本领等等，他们在这些方面的优点都是值得家长学习的。孩子的这种优势，不可忽视、指责、抑制，甚至扼杀。要不失时机地去发现、培养、开发孩子天赋中的特长，以自己的勤奋努力去走自己所追求的人生道路，孩子就很有可能获得成功。

家长不仅是孩子的天然教师，也是伙伴、朋友和榜样。孩子的言行举止无不体现着家长们的思想意识。家长应以身作则，言传身教地关爱社会、国家、他人、朋友、同事等等，使之尊老爱幼，相帮谦让，宽容大度，待人和气。给孩子营造一个和谐的家庭成长环境对孩子的心理健康很重要。家庭生活的潜移默化熏陶不可忽视，家庭长辈品行道德的心灵潜在不可低估，孩子在适当表扬和鼓励中生活，他将学会自尊和自信；在平等中生活，他将学会公道。

尽可能抽出时间带孩子外出旅行

"读万卷书，行万里路"。一定要让孩子开阔视野、增长见识。暑假来临时，孩子对我说，"妈妈，你不是告诉我，'读书或者旅行，灵魂和身体总有一个在路上'吗？我想出去旅行！"我问她想去哪儿，她说都上初中了还没去过上海。于是我们娘俩踏上沪浙苏的旅程，去了上海田字坊、世博馆、乌镇、杭州西湖、绍兴鲁迅故居、江苏宜兴、天目湖、阳澄湖，孩子一路欢歌笑语，认真地拿相机记录着每一个美好的瞬间，每天写一篇游记，每天编辑旅游图片，并用微信发送给小朋友。我近距离地感受着她在迅速地成长，充满阳光、充满激情。

　　我们做父母的平时都忙于工作，每天和孩子相处的时间也很有限。因此，家长无论工作再忙，也得抽出点时间来陪他们说说话。与孩子说话，为我们提供了一次了解和教导孩子的机会，也有助于我们及时掌握孩子的心理动态。他们的快乐、烦恼，我们都可以了解清楚。而经常和孩子及时沟通，他们也会把心里话告诉你，从而可以让我们更好地去关心他们、爱护他们。

　　让我们为拥有一个身体健康、品格优秀、成绩优良的孩子而共同努力吧！

家庭教育经验

王欣怡家长

大家好，我是王欣怡的家长。我仔细回忆了从孩子出生到步入中学的点点滴滴，其实同任何一位父母的心情一样，希望自己的孩子，无论在家里、在学校、在社会上都能得到大家的认可和赏识，希望她快乐地生活、幸福地长大。现在我也谈谈我在教育女儿方面的一点心得。

首先，我想最重要的便是尊重孩子，给予孩子充足的爱，让孩子学会在生活中享受快乐。父母能够给予孩子最有价值的礼物就是"爱"——慷慨和无条件的爱。孩子的整个成长阶段都有我们的陪伴，我们会尽量不把工作中的烦恼和不愉快带进家中，带给孩子。不随意向孩子承诺自己做不到的事情，从小教育她做一个诚实守信的人。

家里的所有活动都有女儿的参与，这让孩子有了很好的家庭归属感。在孩子犯了错误的时候，我对自己的要求是对待孩子要保持一颗宽容的心，理解孩子、倾听孩子，允许孩子申辩，给她创造一个和谐快乐的家庭环境。注重多和孩子交流，遇到与孩子有不同意见时，我从未因孩子年龄小而轻视她的见解，我会同她一起分析，站在孩子的角度去想一想，会提出一些建议，供她参考，不过多地强求她，让她感觉到自己与父母处于平等地位，也能让孩子建立足够的自信。为了减少同孩子之间的代沟，女儿读的每一本课外书、看的每一部影片，我都和她一起读过看过，我们常常会一起讨论里面的情节，分享看后的感觉，我们会把晚饭后的时间留给孩子，陪着女儿聊天、做游戏。现在我和孩子之间无话不谈，每天很幸福地听她对我说学校发生的事，分享她一天的喜怒哀乐。她会对别人说"我妈和我是朋友"，我认为这就是孩子对我最好的

127

认可。

俗话说兴趣是最好的老师，我们也会在交流的过程中去发现孩子的兴趣、爱好和特长。我们努力让孩子做自己喜欢的事，成为快乐的人。我们希望孩子从小多才多艺，所以为孩子提供各种各样的学习机会，尽可能让她在适合的范围内接触到各种资讯。而且在为孩子选择的时候并不会替她定下来，而是先询问她是否真心喜欢，当决定去学时，也不会逼她必须达到多少成就，但这并不代表放任、让她没有目标地学。我们会在学习之前和孩子沟通好，为什么喜欢这门课程，想从这门课程中学到什么知识或达到什么目标，要用什么态度完成自己订的目标。就拿学钢琴来说，可以说国内大部分琴童的家长都是为了让孩子接受艺术的熏陶，而一旦孩子学习后就会要求孩子一定要达到多少级别，这让孩子渐渐少了享受音乐的乐趣。我们知道被人强迫去做和自己喜欢去做对孩子的影响有本质区别，很多孩子最后讨厌钢琴，甚至再也不愿去碰钢琴。当女儿告诉我她学钢琴是为了对她的声乐学习有帮助时，我吸取了这些经验，我们订好目标，从学琴开始就对老师明确说明孩子不会去考级，和老师沟通教曲子时选一些孩子喜欢的歌来弹，以保持孩子对钢琴的兴趣。王欣怡只系统地学习过两年钢琴，但她对钢琴一直保持着极大兴趣，并会自觉地练习，还在学校合唱节比赛中获得了最佳钢琴伴奏奖。从小王欣怡就学过声乐、滑冰、游泳、国际象棋、击剑、芭蕾、美术等，做过主持人，还参加了一些电视、广告及谭晶 MTV 的拍摄。记得在拍一部电视剧时，她那年才 5 岁，冬天早上 5 点多就要起床赶去剧组，拍摄的地方连暖气都没有，拍了一整天，孩子没有一声怨言，认真完成了她角色的拍摄，就是因为这是她喜欢做的事情。音乐的学习就是王欣怡自己作出的选择，并投入了极大的精力，从她 4 岁起一直坚持到今天，并在这一领域中取得了一定的成绩。这些经历开阔了孩子的视野，丰富了她的知识，锻炼了她的毅力，提升了她的自信，使她在今后的人生旅程中，更有可能选择最适合的发展空间。

其次，注意孩子性格的培养，也是非常关键的。我们会从小教育她面对逆境时如何保持良好的心态，从小到大只要能带孩子参加的聚会我们都会带上她，教她基本的礼仪、如何与人接触。在潜移默化的影响下，王欣怡待人接物方面大方得体，在大的场合也不怯场，从小做主持人及班干部的经历让她集体荣誉感很强，做事踏实认真，乐于助人。王欣怡学校及社会活动比较多，有时取得了一定成绩难免会骄傲、会沾沾自喜、会浮躁，就会成绩下降、在班里也会引起别的同学的嫉妒。记得有一段时间她的朋友很少，孩子回家后很郁闷地问我为什么同学都不爱找她玩儿，我跟孩子分析情况后，孩子明白了取得的成绩只能证明以前辛苦付出的成果，如果只满足于现在的成绩与能力就会止步不前，同时也让孩子懂得了学校及班里给了她发挥自己才能的空间，自己要怀着一颗感恩的心，要谦虚，要有集体意识，取得的这些成绩也不是自己一个人能独自完成的，这离不开大家的支持。这件事让她学会了不再张扬，能以一颗平常的心处理一些大型活动，更让我欣慰的是有次学校要出 10 块板报，而且要在一周内完成，这只能利用每天放学时间来做，她安排班里有这方面兴趣特长的同学一起做，合理的分工、同学的热情与齐心使这项任务很出色地完成了。还有上次合唱节，也是她全权负责，为了改编校歌的旋律以达到更好的效果，孩子花了大量业余时间琢磨曲调、修改谱子，由此孩子学会了分清主次，合理安排时间，不管外面有多少活动在学习时都能静下心来。

为了培养孩子的独立性，我们不会事事都包办，会在一些事上给孩子作决定的自由，然后再将她可以作决定的事情范围不断扩大。随着孩子年龄和能力的增加，我们会让她完成更难的任务，从而使孩子有完成任务的成就感，更加自信和自律。我认为父母的过分呵护，会成为孩子成长的阻力，父母管得太多就会剥夺孩子学习成长的机会。在家庭教育方面，美国父母有很多成功的经验值得中国家长借鉴、学习，结合美国父母的成功经验，中国家长也可以创造出一套适合自己的家庭教育方法，以促进孩子成才。

最后，培养孩子良好的学习生活习惯也非常重要。孩子的资质是天生的，但是习惯则是后天培养的。作为孩子的父母，一定要重视孩子行为习惯的培养，同时，做好孩子的榜样，改掉自身的不良习性，以免让孩子耳濡目染。比如：按时起居，吃饭不挑食，待客礼貌，不任性发脾气，自己做自己的事，不依赖别人。受社会环境影响，我们也有未意识到的习惯问题。孩子在多次出国演出后，回来还会教育我们在公共场合不要大声说话，在快餐店用完餐离开前会连同我们的餐盒及垃圾一起放到餐厅指定地点。其实这些习惯都是在每天的生活中潜移默化的影响，但会为孩子未来事业和成就奠定基础。

以上是我培养女儿的一点感触，也许并不全面，其实对每个孩子的教育方式也应该因人而异、因势利导，不能一概而论。希望我们做父母的都能够在孩子身上多花点精力、多动点脑筋。愿我们的孩子能够快乐地成长，希望他们成为自食其力、对社会有用的人。

共同走在成长的路上

张泊宁家长

仿佛是一瞬间，女儿就从襁褓中的婴儿成长为几乎与我等高的少女。十几年弹指一挥间，抚养教育女儿的过程也是一段我和孩子共同成长的经历，这其中有快乐也有忧伤，有欢笑也有泪水，在教育孩子的方法上与其说"经验"，倒不如说是我和孩子的一些经历和感悟，希望对他人有所裨益。

养成良好学习习惯　身教胜于言教

千言万语不如率先垂范。我是一名教师，也担任过几届班主任。一些家长经常向我抱怨，孩子如何贪玩儿不学习，坐不住、学不进，我反问这些家长，"在您一再言语督促、抱怨孩子的同时，您在干什么?"回答通常是通宵打麻将，无休止的网游、看电视，或者是经常晚归。学习需要家长的督促，但更需要的是家长的行为引导，身教胜于言教。孩子入学伊始，为了树立一个学习的"榜样"，也为了提升职业素养，作为母亲，我先做到了学习不辍，除业务知识外，还学习了心理学、统计学等相关课程。在孩子的整个小学阶段，每天晚饭后我和孩子是在彼此对坐的学习中度过的。这时候家中安静得只能听到翻书声和笔画写在纸上的沙沙声，我们都很享受这种学习的氛围，自觉地专注于学习中，内心安静而充实。当然，我们的收获也很丰厚，我的学历和能力得到了提升，孩子的成绩稳定而优良。良好的学习习惯不是靠说教而来，在我们抱怨孩子的种种不如意时，家长们是否应该首先扪心自问，我们都做了什么？如果我们每天都不能在书桌前静坐学习半个钟头，又如何要求孩子从早到晚坚持5～6个小时的艰苦学习呢？作为教育者，要让孩子爱学习，必须自己先做读书人。教师如此，家长更是如此。身教重于言教。

防微杜渐　勿以恶小而放任

"勿以善小而不为，勿以恶小而为之"，孩子身上的不良习惯和嗜好，都是从小毛病、小错误起步逐渐发展而成的，千里之堤溃于蚁穴。作为家长要时刻关注孩子身上的"小毛病""小错误"，要有敏锐的眼睛和纠错的雷霆手段。记忆中，孩子在小学阶段被我体罚过两次，第一次是因为在书上乱画。孩子刚上一年级不到一个月，我就发现崭新的课本上布满了涂鸦，如果放任不管一方面助长不爱惜物品的坏毛病，更重要的是不能保证孩子上课的专注度，不利于集中精力听讲和学习。为此，我第一次谈话，动之以情，晓之以理；第二次警告，告诫她再次发生类似事件的后果；第三次发现涂鸦时，立刻兑现前期警告的内容，在孩子的屁股上重重地留下了"五指山"。效果很明显，从一年级至今，孩子的书本和作业本都干净而整洁。第二次体罚是孩子在三年级时，我接到了班主任的一个短信，内容是孩子偷懒，抄同学的口算作业。接到短信，我没有片刻犹豫，三年级仍犯如此"低级"错误，况且是抄口算作业，没有任何理由，就是一个字"懒"，"业精于勤荒于嬉"，这在学习上是最忌讳的。为此我的行动具体和迅速，放下电话，痛打屁股加罚抄十遍口算作业。这两次体罚对于我和孩子留下的印象都十分深刻，一是因为平时几乎不体罚孩子，有一次就会效果十分明显；二是孩子皮肉痛，我心痛，我们身心都不舒服了一段日子。即使如此，我依然不悔对孩子的两次体罚。在孩子成长的历程中，防微杜渐，及时纠错，可以投入较少的精力获取丰厚的回报，一旦不良习惯或嗜好养成，再纠正就事倍而功半了，正如原位癌（癌症初发状态）的治愈率几乎是 100％，但到了癌症晚期，治不好还要搭上人命一样。说到防微杜渐，前提是密切关注孩子，这也是我想和大家交流的一个感悟。

关注孩子　是教育的第一步

一些家长认为教育孩子是学校的事、是教师的事，与己无关，这个想法是不对的。毋庸置疑，教育子女是系统工程，需要家庭、学校和社会的通力合作，但多年做家长、做教师的经历告诉我，绝大部分孩子之间的差距，不是智力因素的影响，而是家长综合素质和付出心力的差距。孩子的不同，主要是这个家长和那个家长之间的差别。教师的教育固然重要，但家长一定要明白，教师对于您孩子的精力投入最多是几十或者几百分之一，孩子教育的结果与教师今后工作、生活相关度不大。但作为家长，尤其是只有一个孩子，孩子教育的成败对于我们意味着 100％，意味孩子一生的幸福，为此我们投入的精力也应远远大于教师的投入。家长是教育孩子的第一责任人。无论是什么样的理由，都不应成为我们不密切关注孩子的托辞和借口。关注是什么？想孩子所想，解孩子所需。没有关注就不知该教育什么，没有关注也不可能开展有的放矢、方法得当的教育。关注应该是教育的第一步。

絮絮叨叨写了一些，闭门造车，班门弄斧，没有章法，请大家见谅。孩子和我们都很平凡，谈不上经验，只是分享一些与孩子共同成长的经历，相信很多家长都有相似的经历和感悟，更多的家长也都有更多好的教育子女的理念和方法，我们也期待着分享您的成功经验。毕竟，对于子女教育的问题，我们都正在路上，如果能相关扶持一把，何乐而不为？谢谢！

行万里路，用心体验真正的生活

王欣睿家长

记得在一本书上看到，孩子们的"知心姐姐"卢勤总结现在的孩子有"三大三小"：生活的空间越来越大，生长的空间越来越小；住房的面积越来越大，心灵的容积越来越小；学习的压力越来越大，学习的动力越来越小。其实说到底"三小"浓缩为"一小"：心灵空间的狭小。

有些人不禁会问：怎么会这样啊？中国的父母是全世界上最爱孩子、最舍得在孩子身上投资的父母了呀？事实上就是如此！我觉得大多数中国父母偏急躁、偏爱对比、偏"有用论"。譬如：别人家的孩子学什么，咱孩子也得学，不考虑孩子是否有兴趣，生怕输在了起跑线上。人们普遍认为：弹钢琴是有用的，玩沙土就是没用的；学冰球是有用的，捉迷藏就是没用的；补习班是有用的，过家家就是没用的；下围棋是有用的，玩积木就是没用的……这些条条框框把孩子心灵空间禁锢得越来越小！

其实我认为在孩子成长过程中，语文、数学、英语的知识，钢琴、美术、体操的技能，是充实孩子的硬功夫；性格、情操、眼界、心理等等，则是培养孩子的软实力。这就好比一台电脑，硬件固然重要，核心竞争力其实是软件。软实力则是最重要、最核心、最能影响发展、最能营造幸福人生的关键因素。

那么怎样才能更好地培养孩子的软实力呢？我个人非常认同古人语"读万卷书，行万里路"！所以，当儿子李欧盟 3 岁时，我发现他开始对文字着迷，我有意识地教他识字，阅读从图画书过渡到文字书！上学前欧盟阅读已无障碍。我们在社区图书馆办卡有 8 年了！他常去社区图书馆，自己选择感兴趣的书籍，比如中外伟人、名人的传记，儿童题材的作品、科幻作品等，他还爱看文言文版的《三国演义》《三国志》《孙子兵法》！有时我们会推荐他读一些好书，但主要是他独立选择。另外，我们还经常带欧盟旅行！按某些家长"有用论"的思路，旅行就是瞎玩儿，既考不了级，也没证书，既加不了分，也不能算特长，当然是没用的，也就不值得花费时间和精力。我真不这么认为！

儿子李欧盟的旅游生涯可谓丰富，出生 3 个月，我带他从家乡昆明飞回北京，他表现非常乖巧，不哭不闹，吃喝睡觉正常。这让喜欢旅行的我，惊喜万分！欧盟 3 岁时，我们花了 3 个月带他游历欧洲！4 岁时，用 1 个月时间让他游遍四川美景（欧盟外婆家乡）！不光这样，欧盟上学前 3 年，我特意买了"北京市博物馆通票"，几乎每个博物馆我们都走到，并看过多次！小学期间学习任务较轻，我们全家几乎游遍中国的著名景点，而且每到一个城市都会参观当地的博物馆！今年暑假我又随同儿子欧盟做了一个创举：从 7 月 15 日到 8 月 16 日在美国自由行一个月，从东海岸到西海岸，深度体验了美国的生活。我想结合这次旅行谈我的体验：真正的育儿教养在路上！行万里路，才能让孩子用心体验真正的生活！

旅行的好处很多很多，显而易见，可以锻炼孩子的独立性、自主性，学习多种文化的知识。但是旅行就会有意外，有风险，会有吃不习惯的饭菜，会有找不到目的地的着急，会有磕磕绊绊，甚至会生病和受伤……但是，这不正是旅行的意义所在吗？我们不是想让孩子更坚强吗，不是想让孩子会处理困难吗，不是想让孩子成熟成长吗？这次美国自由行让我看到了欧盟的成长。我们在美国各大城市之间游走都是坐飞机，以前我们旅行时教给欧盟的许多常识技巧都用上了。欧盟表现得非常好，他英语听力、口语都比我强，于是冲在前面当小勇士！我们一路经历也颇为曲折，有过在日本东京机场转机时，因为飞机降落晚点，只有 20 分钟转机时间，最后克服重重困难在飞机起飞前 5 分钟登机的经历。我们也遇到过抵达华盛顿需要转机去纽约时，被告知由于纽约大暴雨航班全部取消，最后改签机票、查找行李、寻找酒店等经历。也遇到我们母子二人坐飞机离开夏洛特，必须自己在机场自助办理登机牌的机器上办理登记和托运行李手续的经历。当遇到突发新情况时，儿子天生的乐观精神让我紧张的情绪放松下来。他总说："Take it easy！别急！妈妈！就当我们学习新知识，增长新体验，总会有办法的！"旅行就是这么一个无法替代的成长课程。我可以肯定，几乎所有的家长，在和孩子一起旅行之后，都会发现在短短的时间内，孩子有了很大的变化！这就是旅行的魅力和魔力所在！

　　旅行另一个重要的意义是可以改变孩子的"三观"——多元价值观、多样世界观、多重人生观。首先，旅行可以帮助孩子建立多元价值观。我觉得，人的一生之中最大的敌人就是"狭隘"！"狭隘"，对于一个国家，会造成闭关锁国；对于一个民族，会造成夜郎自大；对于一个人，则会造成自以为是。而这三个层面的结果呢，则是落后、狂妄，甚至是愚昧。那么，怎么让孩子拥有多元价值观呢？答案又回到我的两大最爱：读书、旅行。读万卷书，不能死读，那是书呆子；行万里路，也不能白行，那是贩夫。读书，要学会思考；旅行，也要有深度。两者结合，才会真正发生作用。

　　其次，旅行可以让孩子形成多样世界观！旅行是一种最好的、最直观的方式，让孩子从自己的角度看到真实的世界和真实的生活。很多时候，我们习以为常、司空见惯的东西，其实并不是天然就该如此的。旅行让孩子离开我们居住的地方，知晓五十里、五百里、五千里之外的地方，那里的山是什么样的，那里的水是什么样的，那里的房子是什么样的，那里的人是什么样的……最关键的，则是那里的生活究竟是什么样的。孩子在行走的过程中可以感受不同信仰、不同文化、不同风俗的人们的真实生活。所有的亲眼所见、亲耳所闻，来自对方的动作、眼神，内心的交流，都是待在家里无法体会到的。这次美国之行在好友的邀请下，我特意带欧盟去一个基督教堂做礼拜，让欧盟感受一下美国人如何通过宗教而相互融合、理解、关心、信任，了解信仰的重要性。

最后，旅行可以让孩子树立多重人生观。旅行可以让孩子人知晓生命形态的多样、人生的无穷无尽可能。世界上的生物以数以亿计的形态存在着，仅蚂蚁就有 15 000 种以上，而人的生命，短短的几十年里，也应该有着无限的可能。孩子走出去旅行，正是探索生命中这一秘密的最好途径。他会在真实的世界中思考，有好奇，有迷惑，有理解，有费解……

我深信，孩子在壮美的雪山脚下，在宽广无际的大海边，会感受到自然的伟大、生命的渺小！必然会开阔眼界，壮大胸怀，充实心灵。当他知道了生命的不同活法之后，就不会只认为某种生活方式是最好的，就不会只听命于一个声音，就不会只做别人告诉他应该做的事……也就是说，他开始成为一个有独立思考、有见解、有尊严、有追求的人了。

我深信当欧盟在旅途中看到各式各样的生活，自然会思考别人为什么要这么活，我自己应该怎么去活。旅途所遇与内心的所思结合起来，会明亮了眼眸，充盈了精神，体验了生命，改变了人生。在旅行中发现人生的真谛，寻找自己心灵所属——这就是旅行最伟大的意义。

所以，家长朋友们，让孩子多读书、多旅游，给孩子心灵一个自由的空间，你就是伟大的父母！请记住这么一句话吧："要么旅行，要么读书，身体和灵魂总有一个要在路上。"

一个特别的孩子

马涛涛家长

孩子不知不觉中在长大，不知什么时候他已经从懵懂可爱的小学生长成了小伙子。每当和孩子并排走路、仰头望着儿子时，心中的自豪感就油然而生。尽管我们对孩子永远都有无尽的牵挂，但孩子在悄然一步步走着他自己的路，作为家长，我们只有默默记录他的成长，耐心和他一起感悟成长中的快乐与成功、困惑与沮丧。

近日，在班主任刘老师的鼓励下，我们把孩子在初中学习、生活中的点滴体会记录下来，和大家共同分享和探讨。

关于学习

孩子在升入初一第一学期的前半段时间，我感觉还是有一段调整和适应的过程。进入新班级之初，他对自己充满信心，也对未来充满期待，渴望成为一名优等生，而当期中考试并没有考出理想成绩时，他的自信心一下受到了打击。尽管孩子没有太多表达，但我能感觉到他内心的失落和无助。我和孩子认真地谈了这件事，告诉孩子到实验班学习，首先就要勇敢面对考试，面对中考的洗礼。而这些都是基于自己的硬实力，成绩不能说明一切，但仍然是检验学习效果的重要手段。未取得优异的成绩，就要调整学习的方法和状态，用更多精力去适应新的学习，特别是学会考试。孩子也及时总结了考试失利的原因在于课堂效率不高，没有及时跟着老师思考和交流，没有认真听讲、记笔记，课堂走神开小差了。这样即使课后用工，也难以达到效果，事倍功半。另外，我又找来一些优秀孩子分享的心得体会让他读，并提醒孩子，智力因素不是学习优秀的主导因素，个人的勤奋和努力是不变的主题。找到症结，也就帮助孩子找到了进步的通道。在接下来的三次学期大考中，我都是在旁边提醒孩子提前做好复习计划，对于需要花一定时间的课文背诵、默写要早动手，对于比较有把握的数学，要及时总结，建立错题本，扎实、细心，打好基本功，基础分尽量做到一分不丢。对于英语学习，要重视老师补充的知识、单词、词组和句型。有时间的情况下，读一些课外小读物，巩固词汇，培养兴趣。

孩子提高了听课质量，加上课外的努力，第一学期期末竟然考了班级第一名，一下子找回了自信，也品尝到"一分耕耘，一分收获"的成功。

关于习惯培养

良好的学习习惯是提高学习成绩的突破口。小学的学习更多是手把手的"教与授"，不仅在学校，在家也是如此。家长帮助听写、默写、帮助出题等等。而到了初中，学校布置给家长的"作业"少了很多，家长的角色变为辅助性的，但我觉得仍然要关注孩子的学习动态。虽然不是"手把手"，但也不能"大撒手"，还是要在关键时候扶一扶。

按部就班。孩子的学习时间比较固定。他是《北京晚报》的忠实读者，每天放学回来必先读读报纸，了解一下一天的新闻，特别是体育赛事，放松一下。然后如果有时间，先做一些作业。晚饭后一定会出去散散步，调整一下。晚上 7：30 开始学习。我们一般不会因为家里其他一些安排，占用孩子固定的学习时间，从周一到周五也没有任何课外班。这样，学习、复习、巩固练习的时间比较有保障，休息和放松的时间也很固定，感觉一天有张有弛。

注重落实。孩子到了青春期，有了自己的想法，很多事情喜欢自己做，特别是喜欢关门学习，这样我就尽量尊重孩子。但每天学习前，都要听一听他今天的学习计划，时间分配情况。到晚上学习基本结束前，通过与他交流和查看作业的方式，了解他学习的效率如何，学习的成果怎么样。有些学习中遇到的问题，如果可以帮助的，就会和他一起查字典、查资料，把问题解决掉；如果不能给予帮助，就提醒他第二天请教老师。第二天一定回来了解他是否请教了老师，是否解决了难题。对老师留的思考题，也是要求他务必思考、尽量解决，不能等着老师讲。通过潜移默化的影响，让他感觉到父母对学习的态度是认真端正的，他自己也就慢慢认识到学习是自己的事情，是要严肃对待、事事落实的。这样培养孩子遇到问题一定要想方设法解决，而不是敷衍了事。

课外学习。八中老师注重孩子的在校学习，但在应试教育的大环境下，家长也都或多或少给孩子选报课外班。对待课外班，我们家里的态度是既然花时间学习，就一定要像在校学习一样，注重效果，注重落实。对于孩子的课外班，我们家有三条考虑。第一，就是不能影响正常在校学习，所以我们从不在工作日的晚上给孩子报班。第二，就是不会因为各种原因，随意取消或调整上课时间。第三，就是课外班的作业一定要认真对待。把这三条前提和孩子讲清楚道理，说明利弊，孩子从小学到初中，几乎没有因为生病等原因在课外班请过假，有几次生病了，都主动要求去上课。另外，课外班的家庭作业，孩子一定是把会做的尽量做完，不会的记下来，在下次课一并解决。

关于沟通

我们家是个比较透明的家庭，家中的事情一般来说并不是特意回避孩子，家长之间的沟通也是直截了当。这样让他感觉家是一个不用掩饰、敞开心扉的地方。当然，这么大的男孩子，也会"报喜不报忧"，不会事事汇报。但是，孩子的天性还是非常天真、单纯的。尽管我们平时上班很忙，但只要晚上时间来得及，我总会在睡前陪孩子一起在院中散步十几分钟，一是为了睡前放松一下，二是利用这个时间和孩子聊聊，沟通一下一天的感受，他也很喜欢把学校的见闻和我分享，谈话的内容很多，但一般不谈学习，而是体育运动、同学间的趣闻、午饭的伙食，甚至一些小的八卦新闻。孩子的见解和思想可能是点点滴滴、只言片语，但能感觉到孩子的心是敞亮的，沟通是没有障碍的。孩子很喜欢这种散步式聊天，好像是对一天的回味，也愿意把趣事分享给我。我一般都会耐心倾听，同时如果有好的建议和想法，也能在不经意间与他沟通和交流。

关于品格修养

进入中学后，培养孩子的品格修养进入了关键期。我们对此非常重视。一般来说，我们都是从小事入手，告诉孩子什么是良好的修养和品格，帮助孩子认识优秀品格对人生的重要意义。比如说，我们会经常提醒孩子在学校要关注其他同学，要谦让、不要计较小事，特别是当别的同学遇到困难时，能伸把手就要帮一下。孩子有时提到做值日，我们就会告诉他做值日不要惜力，更不要拈轻怕重，要尽量为班级多分担。男孩子比较粗心，我们还会经常提醒他要乐于照顾女同学，做人要大气。假期，我们带孩子旅游，他推酒店大门时，自己走进去后随手就松开扶手了，结果小表妹被挡在了门外。这时，我们就及时提醒他，要关注自己身后的人，公共场合开门、关门时要想到主动帮别人。在地铁里，当我们看到别的同龄孩子问路，没有使用礼貌用语而显得比较莽撞时，我们也会和他一起讨论与人沟通的艺术，帮助孩子懂得礼貌待人、善意沟通的道理。当自己生病，孩子用不很成熟的方式嘘寒问暖时，我会及时鼓励和表扬他，记录下他成长中的点滴进步。

尽管我的孩子依然还幼稚胆小、不够男子汉、做事还莽撞粗心、遇到困难和失败仍然会毫无掩饰地哭鼻子、有时也会自以为是、和我们顶撞，但每次和他静下心沟通，感觉他是真诚而且认真的，同时也是积极向上、对明天有美好期待的。有了这份真挚和善良、单纯和炽热，我相信我们的孩子会健康地长大，不论是长成参天大树还是美丽的花草，都会给我们带来美好的希望和愉悦。

均衡的孩子最好

温雨黎家长

今天意外地收到刘老师的短信，让我写写关于教育孩子的经验及方法。虽然我认为温雨黎期末考试成绩并不理想，特别是数学，没有考好，她也为此总结了经验教训。但看到孩子各方面素质能全面发展，快乐地成长，还是由衷地感到高兴。下面我谈谈我在孩子成长和教育过程中的一点体会。

首先，父母是孩子的启蒙老师，也是孩子不自觉地模仿学习的对象。我们认为正直善良是一个人基本的品质。父母和孩子朝夕相处，一言一行都会对孩子有潜移默化的影响，父母对工作、学习、生活的态度，也会直接对孩子产生影响。孩子爸爸特别爱学习，一直读到博士后，现在做国际金融研究工作，每天都在电脑前学习到深夜。这在孩子幼小的心里就种下了一颗种子：学习是一件首先要完成的很重要的事情。以致刚上二年级时的一天，孩子很奇怪地问我："妈妈，为什么我们班有的同学竟然没完成作业就玩儿？"在她的心里，只有写完作业才可以做其他的事情。而这一点，并不是我们强调和要求的，孩子自己就这样认为。

孩子从一年级开始就一直独立完成作业，写完后，就开始尽情地干她喜欢做的事情，看她喜欢看的书。孩子爱好广泛，喜欢画画、跳舞、弹琴、游泳、滑冰，我们就尽量地支持她，所以在五年级之前没有报任何有关学习的课外班，反而是根据她自己的兴趣选择了许多她自己愿意做的事情来做。比如：作为中央人民广播电台小喇叭节目的特约主持人，录制主持节目，还录制了许多广播、广告，其中有的节目还获得全国的广播大奖。生活多样化，要有自己的兴趣，这样让她在该玩的时候痛快地玩，该学习的时候就高高兴兴地认真地学。学习在日常生活中不能成为负担，这样在重要的阶段需要冲刺时，才能有精力全力以赴。我常告诉孩子，人生的道路虽然漫长，但紧要处常常只有几步，特别是当人年轻的时候。适当地给她点压力，但不能总是让她处在压力之下，这样反而效果不好。

和孩子多交流，像朋友一样交流，孩子能听懂。而不是拿她当小孩子，不能欺骗她，告诉她大人也可能犯错误，爸爸妈妈可能出错，老师也可能出错，她也可能出错。犯了错误没关系，成长就是在不断地改错进步的过程。

注重孩子综合能力的培养，不要一味地只强调学习成绩。

这些年由于工作比较忙，好像没有像其他的父母那样，把心思更多地用在孩子身上，有些内疚，但主要也是因为从心底就认为孩子的教育不应是父母天天陪伴左右，帮她做一切事情；相反，应该培养孩子独立自主完成自己力所能及的事情，锻炼她独立学习思考的能力，从而养成良好的学习习惯，这一点非常重要，远比陪她学习、做作业更有意义。

我的孩子是女生，天性比较要强，很小的时候和别的小朋友一起跑步，如果不能得第一就很难过、不高兴。在幼儿园阶段，由于工作忙，很难顾及孩子，我们基本上是让她自由成长。选择的幼儿园是离家比较近的，不是那种在幼儿阶段就教认字、拼音，及各类知识的。在幼儿园毕业典礼时，孩子只告诉我她和另外一个男孩子是毕业典礼的主持人。那天我匆匆从班上赶过去，惊喜地发现孩子除了主持之外，还是跳舞时最前排中间的那个领舞、集体朗诵时的领诵员。她习惯成为中心、焦点。发现这一点，我便经常找机会告诉她没有必要凡事都争强好胜，有意识地培养她谦虚、宽容地对待他人和自己。现在，我发现她已经不像小时候那样什么都得争第一了，能够很坦然地面对自己有些方面不如别人，而不是心存嫉妒。

孩子成长的过程中，一定要多鼓励，夸奖孩子，而不是拿别人的优点和她的缺点去比。当然夸奖要讲究方法。2006 年 9 月 1 日，刚上小学的第一天，我吃惊地发现班上另外一个孩子在抱着一本《窗边的小豆豆》在读，这是一部日本作家黑柳彻子的小说。我睁大了眼睛，毫不掩饰地表达了我的吃惊，并真心地赞扬了那个孩子。因为我的孩子到上学时还基本上不认识多少字，连连环画中的几行字都不愿意读，还时不时指着书中的画问我："妈妈，你看刚才他戴的围巾还是蓝色的，这会儿怎么就变成绿色的了？"她所关注的只是画面，甚至是图画中的每个细节。这说明她的观察力很强。但让她读画中的两行字，真是很难。我并没有批评她，而是告诉她是妈妈没有时间专门教她认字，如果她能阅读的话，会看懂很多有趣的故事，而且告诉她"你一定也行的"。过了一个月，"十一"假期时，我吃惊地发现孩子趴在床上很认真地看厚厚的小说《长袜子皮皮》，我开玩笑地问她"能看懂吗"？她回答："当然能了，我们不是看过演出了嘛！"还当即朗读给我听。因为刚带她看过这个话剧，所以孩子自己选择了这本书开始了她的阅读。我不失时机地表扬了她一番，夸她太棒了。慢慢地，她逐步体会到阅读的真正乐趣。她读了许多书，包括一些历史名著，也包括当下流行的杨红樱和曹文轩的系列小说。这些对她的写作起了一定的作用，所以她作文从不费力。我还鼓励她投稿，她的习作发表在《学语文》杂志上。这对她也是一种鼓励。

和孩子多交流，像朋友一样交流，孩子能听懂，能理解；交流时不能拿她当小孩子，不能欺骗她，告诉她大人也可能犯错误，爸爸妈妈可能出错，老师也可能出错，她也可能出错，因为"是人都会犯错"。有了错误没关系，成长就是在不断地改错进步的过程。要让孩子成长，不能只让孩子"听话"，还得让孩子学会思考。

想到哪儿写到哪儿，希望和大家多交流、共同努力，让我们的孩子越来越棒。

和孩子一同体验这个世界

张怡家长

给妈妈的第 n 封信

妈妈，还有十几天就毕业考试了。最近很忙，忙着课内作业，忙着合唱专场的排练。咱们已经有很长时间没有出去玩儿了。

我想起，从前出去玩儿的时候，你总是不断地提醒，看外面，看远方。可我总是容易被车内身边一些琐细的事物分神，或者把脸凑到你们中间，热切地跟你们说话。

其实，那时我是无法感受大自然之美的。你用尽办法吸引我注意山、海和天空。某次，车从隧道一出来，整片海亮在眼前。你一定要我回头再看一眼那个小岛，看看每次不一样的色泽，观察海如何细腻地反映天空的阴晴状态。你会指着不断拍打岩石的海浪，分解每个海浪前后的波动线条。然后，我们一起光脚站在海水里，嗅闻海浪细沫飞扬在空气间的冷腥和潮润。我们可以站上一个下午，一边看被困在沙滩上的小草小鱼，一边等待潮水涨退。之后，再回到岸上，我们比赛，谁能看出天边的云彩长得像什么动物，或者你让我瞪大眼睛，看一轮大大的太阳如何慢慢沉入海中。

妈妈，说老实话，当时，你的细心、耐心与努力，在多大程度上让我感知了大自然，至今仍没法度量和把握。不过，我确定知道一件事情，等忙过这一段儿，毕了业，我们再出去的时候，那些当年视为理所当然的景致，一定会有不同的、新鲜的意义，一定会带给我许多悸动与感动的。

你的女儿

写给女儿的第 n 封信

亲爱的女儿：

看了回信，我想先说两件事。

在湖南，有一个五尖山国家森林公园，那一年，我带你去玩儿，不，说是带，不如说是抱，你还不满两岁。那时候，上山很不容易，不像现在有盘山公路，车是开不上去的。一路上，抱着你，呼哧呼哧喘，在海拔近两千米的大山里费尽周折，我不觉得累，一来是因为怀里抱着的是你，二来是因为满眼的美景。突然，山拐了一个弯儿，有一只鸟在一棵翠润的树上跳跃鸣叫，我不知从哪儿来的灵感，和着鸟的跳跃，哼起了《杜鹃圆舞曲》，"咚咚、咚咚、咚咚咚咚咚、咚咚咚"，你呢，竟也伸出胖胖如藕节般的小胳膊，挥出一致的节奏！同时，我不失时机地说出这样几个字：乔纳森，《杜鹃圆舞曲》。你呢，又咧嘴笑了，热切地呼应了我！我猜，你一定记住了彼时彼刻的一切！当时，你就在我的怀里，揽着你圆滚滚的身体，望着苍茫茫的大山，觉得天地之大，幸福也不过就是怀抱里这小小的温柔。

回京以后，陆陆续续地，我买了很多十八、十九世纪古典音乐唱片，你听得很投入，这让我极惊讶。慢慢地，你像一只初夏的青苹果，在缓缓长大。十多年来，你对音乐的领悟和感受，远远地超过了爸爸妈妈。每想到这一点，我就想起五尖山里，那只跳跃着的、鸣叫着的小鸟。

再说另外一件事。

多年以前，我读过一篇小说，题目忘了，作者也忘了，但是内容记忆犹新。写一个小孩，好玩儿地画起明年的日历来。画完明年的，意犹未尽，又画起了后年的，就这样，一直画下去。画了半天，停下来一看，啊，自己竟然画了快一百年的日历，就是说，到他手上正在画的时间时，他一定已经死了！意识到这时，他忍不住大哭起来。

这是让我很震撼的一篇小说。因为那个小孩，跟妈妈当年一样，在没有准备的情况下，接触上了时间的"无限"，对照自己生命的有限，悲从中来。

小时候学过的东西，大部分都忘了，反而是没有人事先给过答案的感受体验，常留不忘。我先体会了"无限"，以及"无限"带来的悲哀，再听到他人如何解释"无限"，于是，它就变得容易掌握，就不会被物理上或数学上任何与"无限"有关的问题难倒过。我只要回头记起，那个号啕大哭的小孩，"无限"就如实在那里。

书本上的知识、答案，是别人抽象经验的结果，很重要，这只是问题的一半，还有另一半，这就是妈妈热切地想给予你的：感受、困惑、体验的过程。别人给的答案、书本上的知识，或许方便，然而就减少了你自己迷疑摸索的过程。那体验与摸索的过程，在决定你将来会变成什么样的人上面，比答案重要一百倍一千倍啊！

这是在你的成长过程中，也是妈妈自身成长过程中，得到的领悟。

明白这一点后，我的经常性任务就是带你出去，看山、看海、看草原，感受大自然的一切。

随着你年龄渐增，又增加了另一项内容，就是去参观企业，感受社会。

记得吗？

那一年，爸爸妈妈带你去山东德州，那儿有一家企业叫中澳集团。这家企业，从进口蛋种做起，孵化鸭苗，养殖成鸭，屠宰加工，直至包装出口，做足了整个产业链。我们参观了产业链上的每一环，第一环是孵化车间。据说，它是亚洲最大的孵化车间，一眼望不到头的孵化柜像冰箱一样，排列齐整，浩浩荡荡。拉开一个抽屉，是满满的种蛋，拉开一个抽屉，是被啄破壳的鸭蛋，再拉开一个抽屉，你惊奇不已了：那是一抽屉毛茸茸、黄灿灿的鸭宝宝！在这个车间里，你明白了这样几个词：孵化、恒温、恒湿。第二环是养殖，这家企业把鸭苗做防疫处理后，分散到农户家喂养，等到足龄再按协议价回收。那一天刚天亮，我们去看收鸭，啊，一眼看不到边的鸭子与蒙蒙的天色融在一起，阵势浩大，鸭声鼎沸。一只只鸭子被赶往一个个笼子，一个个笼子码满一辆辆卡车，一辆辆卡车占满一条条马路。在这个大车间里，你明白了这样几个词：养殖、农民、饲料，还有什么是辛苦劳作与起早贪黑。接下来，我们依次参观了屠宰、加工、包装车间，在这里，我们一样被严格要求，穿靴戴帽，穿好工作服，再经过消毒，一丝不苟、谨遵依行之后，才得以进入。在这个车间里，鸭子经分割加工后，分成生鲜和熟食两大类，鸭毛做成羽绒被，最后都出口到欧洲。在这三个车间里，妈妈反复给你说了这样几个词：流水线、机械、自动、工人，还有什么是紧张与专注。对，我们最后去的地方是办公室，还记得吗？墙上贴满了历年的利润报表。在这里，工作人员所说的，频率最高的词汇就是：利润、出口、欧盟。妈妈相信，从此，你理解了"世界"这个最抽象的字眼儿。还有，再在产经新闻里出现"农业产业化""龙头企业"等等专业术语的时候，你将不再觉得陌生。

很长时间以来，只要你一放假，哪怕是三天，我们都会出去。陆续地，我们参观走访了陶器厂，你目睹了黄河滩上的淤泥，怎样经过一道道工序，最后变成一个个精美的陶器；我们参观了一家生产木糖醇的上市企业，你看到了一枚玉米瓤，怎样经过一个个车间，最后变成了晶莹剔透的木糖醇，当然，在这个环节，妈妈又不失时机地、热切地加上了这样几个词：粉化、酶化、蒸馏、脱色。

就这样，随着日子拉长，年龄增长，这个世界会在你的眼里变得立体和丰满。当你再回到北京，看到超市里的鸭肉时，在你的心里，它已不仅仅是果腹的食品；再盖羽绒被的时候，它已不仅仅是御寒寝具；再看到一个精美的陶器时，它已不仅仅是工艺品；再吃木糖醇口香糖时，它已不仅仅是口气清洗剂……

你会明白它的来历、背景，你会看见事物的后面。

亲爱的女儿，有些人、有些事、有些景，都与你的生命发生了具体深刻的联系。往小里说，在课堂上，它帮你领悟抽象的知识；在罗浮宫，它帮你理解一幅幅艺术品；在音乐厅，它让你有被冲击的感动。往大里说，它帮你准备好一颗心，你可以感受到别人的痛苦、别人的兴奋、别人的欢乐。

亲爱的女儿，每一个人，每一个生命，包括你、爸爸、妈妈，都有自身的局限。某些方面会特别发达，也就有些感觉相对迟钝。能够敏锐快速地理解一些事儿，也就对其他一些事无能为力。于是，我们的快乐就受到了同样的限制，活在自己的框架中，只能从自己理解的事儿上面寻找快乐。有限的小框框之外，是别人的世界，我们迷茫探望，感到距离与疑惑。众多的感受，我们也只能领略其中一小部分。可是，有一种力量，能使你的小框框变大，那就是，爸爸妈妈对你的爱。我们所能做的且正在努力做的，就是扩展你的小框框，让它变大，变大，再变大。

啊，你看，一不留神，说了这么多。可能有些你不完全懂，那么，这封信就是放进玻璃瓶再掷入大海的瓶中书吧，经过多年波涛沉浮，才会到达初识岁月之岸的你的手中。展读发现，在你小的时候，妈妈曾经怎样想象过、期待过你的人生。

你的妈妈

图书在版编目（CIP）数据

与孩子一起成长：北京八中的家校合力教育/北京八中初中部组编．—北京：中国人民大学出版社，2016.6
ISBN 978-7-300-22689-7

I.①与… Ⅱ.①北… Ⅲ.①中学-学校教育-合作-家庭教育-北京市 Ⅳ.①G636

中国版本图书馆 CIP 数据核字（2016）第 056721 号

与孩子一起成长：北京八中的家校合力教育
北京八中初中部　组编
Yu Haizi Yiqi Chengzhang

出版发行	中国人民大学出版社		
社　　址	北京中关村大街 31 号	**邮政编码**	100080
电　　话	010 - 62511242（总编室）	010 - 62511770（质管部）	
	010 - 82501766（邮购部）	010 - 62514148（门市部）	
	010 - 62515195（发行公司）	010 - 62515275（盗版举报）	
网　　址	http://www.crup.com.cn		
	http://www.ttrnet.com（人大教研网）		
经　　销	新华书店		
印　　刷	北京中印联印务有限公司		
规　　格	160 mm×235 mm　16 开本	**版　　次**	2016 年 6 月第 1 版
印　　张	9.75 插页 1	**印　　次**	2016 年 6 月第 1 次印刷
字　　数	124 000	**定　　价**	35.00 元